Aromathérapie pratique

Docteur Denis PASCAL

Aromathérapie pratique

Beauté — Bien-être — Prévention santé

AMBRE
ÉDITIONS

L'aromathérapie est utilisée depuis des millénaires pour se soigner mais aussi pour la beauté du corps, être en forme et le rester.

Les huiles ont des propriétés très différentes, elles peuvent être détoxicantes, revitalisantes, raffermissantes, adoucissantes, drainantes ou antiseptiques. Les mélanges des huiles, lorsqu'ils sont judicieusement choisis peuvent avoir des effets synergiques qui en renforce l'efficacité.

QUELQUES CONSEILS ET RECOMMANDATIONS PRÉALABLES

- Choisissez bien vos huiles, si possible de culture biologique et rigoureusement conservées.

- Vous pouvez utiliser les huiles de différentes façons :

  - En respirant leurs arômes au moyen d'un diffuseur ;
  - En friction, avec des mélanges d'huiles en synergie que vous pouvez faire vous-même. Les frictions se font à mains nues avec en moyenne une vingtaine de gouttes du mélange choisi. Massez vigoureusement la nuque, le thorax, le ventre, le plexus, les membres et les plantes de pieds. Laissez agir 30 minutes environ avant de prendre une douche si vous le souhaitez ;
  - En bain, mélangez 10 à 20 gouttes de la synergie choisie avec de l'huile neutre (germe de blé par exemple), une solution moussante pour le bain, un shampoing, de la poudre de lait, des algues ou sels de bain. Afin d'éviter tout problème de peau au contact des huiles, veillez bien à diluer votre préparation avant d'entrer dans le bain. Evitez également les bains aromatiques pour les très jeunes enfants.

Attention

Les mélanges donnés ici sont des préparations standards connues pour leurs bienfaits.

* N'hésitez pas à les personnaliser, variez les proportions en fonction de vos goûts et de vos réactions tout en restant dans les dosages donnés.
* Supprimez certaines huiles de vos mélanges si vous avez des problèmes d'allergie ou des effets secondaires.
* Enfin, si vous avez des doutes ou à traiter un cas particulier faites appel à un thérapeute compétent qui saura vous conseiller utilement.

LES HUILES ESSENTIELLES

DÉFINITION

L'huile essentielle est la substance odorante d'une plante recueillie sous la forme d'un liquide par extraction, encore appelée « essence aromatique ».

Celle-ci est composée de différents éléments chimiques, comme par exemple les cétones, les aldéhydes, les terpènes, les phénols, les lactols, et d'autres encore en proportions diverses et variées, mais elle ne contient ni corps gras, ni vitamines, ni sels minéraux.

Certains pays sont spécialisés dans leur production à grande échelle, comme la Turquie; la Bulgarie pour la rose, l'Inde pour le jasmin, l'Australie pour le leptospermum, les États-Unis pour la menthe, la. Réunion pour le géranium. La France cultive également de nombreuses espèces végétales, d'où sont extraites les « huiles essentielles ».

BREF APERÇU HISTORIQUE

Les propriétés des huiles essentielles et des parfums sont connues et utilisées depuis l'Antiquité. L'Égypte ancienne en fit largement usage et s'en servait pour les massages corporels, les soins, mais également pour les techniques d'embaumement et de momification. Par la suite, les Grecs aussi utilisèrent des substances et onguents aromatiques, puis les Romains qui avaient coutume de pratiquer les massages aromatiques, après les séances de bain public.

En Orient, on connaît les vertus des essences depuis des millénaires. Les Chinois mentionnaient déjà les propriétés médicinales des plantes dans de nombreux traités datant de plusieurs centaines d'années avant J.-C. Cette longue tradition s'est poursuivie jusqu'à nos jours et la médecine traditionnelle chinoise utilise largement les plantes et les herbes en massage et traitements phytothérapeutiques.

L'Inde également, avec la très ancienne médecine ayuurvédique. fait usage des propriétés des essences aromatiques depuis des siècles.

En Europe, depuis les Croisades du XIIe siècle, qui apportèrent essences et épices, on utilise onguents, vinaigres aromatiques et préparations odorantes en élixir de longue vie ou comme un des moyens de se protéger des grandes épidémies.

C'est à René Gattefossé, chimiste, que l'on doit le terme « Aromathérapie » depuis la publication de son ouvrage du même none. en 1937. Ce chercheur ouvrit la voie à d'autres, comme Leclerc, Valnet,1Vlaury, entre autres, qui développèrent, étudièrent et firent découvrir à un large public les propriétés de ces essences végétales.

LA FABRICATION DES HUILES ESSENTIELLES

On obtient les huiles essentielles par extraction à partir des plantes récoltées.

L'industrie chimique fabrique des corps synthétiques artificiels de différentes plantes. Celles-ci sont principalement utilisées dans la parfumerie, mais ne conviennent pas à l'aromathérapie interne ou externe.

LA RÉCOLTE

La quantité nécessaire pour l'extraction d'essences aromatiques varie d'une plante à l'autre mais également dépend de 1a nature du sol, du climat, et de la manière dont elle est récoltée. En moyenne, il faut compter 35 kg de plantes pour un litre d'huile essentielle, quelquefois beaucoup plus comme pour la rose par exemple. Leur coût varie en fonction de la rareté et la quantité de plante nécessaire ainsi que du pays d'origine.

PROCÉDÉS D'EXTRACTION

Plusieurs techniques sont utilisées :

✔ *La distillation à la vapeur*

C'est le procédé le plus courant. On utilise un alambic dans lequel la matière végétale est mise à chauffer. La vapeur est ensuite condensée, puis réfrigérée. A la surface du liquide ainsi recueilli flotte l'huile essentielle de la plante.

✔ *L'utilisation d'un solvant*

Il est mélangé avec la plante dans une cuve, puis filtré et distillé pour donner un substrat ou résinoïde. Avec de l'alcool que l'on évapore ensuite, on obtient un composant appelé « essence absolue ».

D'autres procédés par solvants peuvent être utilisés comme le procédé phytdtonique, plus économique et écologique.

Quelques industries utilisent l'extraction au **dioxyde de carbone**, procédé coûteux, mais qui fournit de bons résultats.

✔ *L'extraction à froid*

Pour certaines plantes à écorcé, comme celles des fruits, citron, orange, bergamote, on gratte au préalable l'enveloppe pour recueillir l'huile contenue dans la glande à la surface de l'écorce. Cette technique est appelée « expression » ou « extraction à froid ».

Enfin, une autre technique dite de **« l'effleurage »** consiste à enduire régulièrement une pellicule de graisse avec des pétales de fleurs afin de la saturer. Ce procédé est pratiquement abandonné de nos jours.

QUALITÉ ET PRÉSENTATION

Les essences ainsi recueillies sont présentées généralement dans de petits flacons de verre de 10 à 35 cc. Il conviendra de veiller à la qualité et à l'origine des essences choisies, ce qui est très important pour le succès thérapeutique. Notez les informations et l'identité botanique et assurez-vous du sérieux du laboratoire fournisseur.

Les flacons sont à mettre à l'abri de la lumière et des grands écarts de température. On les conservera, par exemple, dans le tiroir au bas d'un réfrigérateur. Ne gardez pas une essence plus d'un an.

MODE D'EMPLOI ET DANGER DES ESSENCES

Il faut savoir qu'une essence n'a pas les mêmes composants que la plante dont elle est issue. Ainsi, absorber la plante sous forme d'infusion n'aura pas les mêmes effets qu'une goutte d'huile essentielle de 1a plante du même nom. D'autre part une essence n'est ni un complément alimentaire, ni une vitamine, ni un oligo-élément, ni un reminéralisant. Chaque essence a son utilisation et son indication propre qu'il convient de bien observer. Certaines essences peuvent être toxiques à forte dose, ou produire des effets secondaires plus ou moins dangereux. Il faut donc respecter la posologie, surtout en usage interne. ***Ainsi 2 à 3 gouttes d'essence pure, deux à trois fois par jour, représentent un maximum à ne pas dépasser.***

Les essences peuvent être utilisées de trois manières :

1) En usage interne

On les mélangera avec du miel, un yaourt, un morceau de sucre. On ne les avalera pas directement car elles provoquent une sensation de brûlure dans la bouche en contact avec les muqueuses, ni dans un verre avec de l'eau car elles sont insolubles et risquent de se fixer aux parois de celui-ci.

2) En usage externe

Les essences ont la faculté de se diffuser dans l'organisme, par contact épidermique. On les utilise ainsi, en massages, lotion, onguent, huile en bains (si elles sont incluses dans un expédient hydrosoluble).

3) En usage olfactif, mélangées à une évaporation de vapeur d'eau

— Avec un appareil d'aromathérapie ou dans un bain. N'étant pas soluble dans l'eau, l'huile flotte à la surface et se mélange à la vapeur d'eau du bain que l'on inhale.

— En sauna par utilisation des essences en aromathérapie sèche.

— En hammam par l'utilisation des essences en atmosphère humide.

Pour une utilisation externe des essences, on veillera également à ne pas dépasser les doses prescrites. On évitera une éventuelle réaction allergique de la peau en testant l'huile mélangée avec un support à forte dilution. En aromathérapie, une trop forte dose peut provoquer, malaise, maux de tête, voire une crise d'asthme chez un sujet sensible.

FICHE TECHNIQUE D'EMPLOI DES HUILES ESSENTIELLES

✔ Usage interne

Posologie courante : 2 gouttes deux fois par jour en mélange avec du miel, sucre, yaourt. Maximum 3 gouttes par essence (pas plus de trois essences).

✔ Usage externe

➢ Huile de massage

— Préparation en dilution à 2 % : 10 gouttes d'huile d'essence pour 20 ml d'huile de support (maximum 5 huiles essentielles).
Exemple : 5 gouttes essence N° 1 + 3 gouttes essence N° 2 + 2 gouttes essence N° 3.

— Préparation en dilution à 1 % : 5 gouttes d'huiles essentielles pour 20 ml d'huile de support (maximum 5 huiles essentielles).

— Préparation test pour peaux sensibles ou en cas d'allergie : 1 goutte pour 10 ml d'huile de support.

➢ Les huiles de support

— L'huile d'amande douce et l'huile de tournesol conviendront à toutes les peaux. Elles sont apaisantes et adoucissantes.

— Les huiles de noyaux d'abricot et de soja sont des huiles légères et nourrissantes.

— L'huile de pépin de raisin est recommandée pour les peaux grasses.

— L'huile de jojoba est adoucissante et recommandée pour le visage.

— Les huiles de sésame et de germe de blé peuvent être également utilisées mais présentent l'inconvénient d'une forte odeur.

— L'huile de carotte teint provisoirement la peau.

— L'huile de camélia convient bien pour les massages des pieds et du plexus.

— L'huile d'avocat est riche en acides gras, elle pénètre facilement la peau, l'adoucit et la nourrit.

➢ Conseil

— Conservez les huiles à l'abri de la chaleur et de la lumière.

— Hors de portée des enfants.

— Ne pas les utiliser à même la peau.

— Ne pas se frotter les yeux après avoir touché l'huile essentielle.

— Faire un test de réceptivité de la peau avant toute utilisation d'une préparation.

— Choisir l'huile de support qui convient le mieux à votre type de peau.

— Eviter une exposition au soleil après un massage aux huiles essentielles, notamment avec le cytrus.

— Variez l'utilisation de vos préparations.

➢ Bain

— Ajoutez 5 gouttes d'huiles essentielles à l'eau d'un bain bien chaud.

➢ Cataplasmes

— Appliquez une compresse chaude ou froide selon les indications, imbibée de 4 gouttes d'huiles éssentielles, ou versez 6 gouttes dans un bol d'eau chaude ou froide, imbibez la compresse avec la pellicule d'huile flottant en surface.

➢ Inhalation

— Respirez un bol d'eau bouillante dans lequel vous aurez ajouté préalablement 4 -à 6 gouttes d'huiles essentielles choisies selon leurs indications.

➢ Diffuseur d'arôme - Brûle-parfum

— Ils sont utilisés pour parfumer, rafraîchir ou assainir l'air ambiant. En général, ils fonctionnent avec de l'eau chauffée enrichie de 2 à 4 gouttes d'huiles essentielles. Différents modèles sont disponibles sur le marché.

RÉPERTOIRE DES HUILES ESSENTIELLES

Les sigles utilisés dans cet ouvrage représentent :

 l'usage interne

 l'usage externe

 la préparation

 les massages

AIL
<u>Aliunn sativurn</u>

— Origine : plante connue depuis l'Antiquité qui pousse spontanément en Espagne, Sicile, Afrique du Nord. Cultivée en France.

— Odeur : forte caractéristique.

— Principaux constituants : glucide sulfuré, oxyde d'allyle, allicine, garlicine, soufre, iode, silice.

— Propriétés thérapeutiques : antiseptique, tonique stimulant hypotenseur, antidiabétique,vermifuge.

— Usage : interne et externe (massage).

 Maladies infectieuses, asthme, hypertension artérielle, artériosclérose, parasites intestinaux.

 Massage : cors verrues durillons, piqûres d'insectes.

ANETH
<u>Anethurn graveolens</u>

— Origine : plante originaire d'Asie, commune en Europe méridionale. L'essence est obtenue par distillation de la plante entière.

— Odeur chaude et piquante.

— Principaux constituants : méthyl chavicol, phellandrène, époxymenthène.

— Propriétés thérapeutiques : antispasmodique, carminative, résolutive, stomachique, stimulante.

— Usage : interne et externe (massage).

Manque d'appétit, aérophagie, vomissement, asthénie, faiblesse hépatique.

Massage : du corps (massages toniques pour le physique et le psychisme).

BASILIC
Ocimum basilicurn

— Origine : plante originaire d'Inde, elle est très commune en Provence. L'essence est obtenue par distillation à la vapeur des feuilles.

— Senteur : herbacée, très aromatique.

— Principaux constituants : ocimène; linalol, ostragol, méthyl chavicol.

— Propriétés thérapeutiques : antispasmodique, galactogogue, sédative, emménagogue.

— Usage : interne et externe.

Aérophagie, asthénie, toux, coryza spasmodique, céphalée.

Soins des cheveux aphtes, piqûre, orgelet.

Massage: du corps (relaxant), abdomen (antispasmodique).

BENJOIN
Styrax benzoin

— Origine : plante originaire d'Asie du Sud-Est dont l'essence est obtenue par action d'un solvant sur la gomme.

— Senteur : balsamique et vanillée.

— Principaux constituants : acide benzoïque, vanilline.

— Propriétés thérapeutiques : sudorifique, vulnéraire, antiseptique, béchique expectorante et sédative.

— Usage : interne et externe.

Bronchite, pharyngite.

Dermatoses.

Massage : des mains (sèches et gercées).

BERGAMOTE
Citrus bergamia

— Origine : variété de citronnier cultivée en Italie, en Amérique du Sud et en Afrique occidentale. Essence obtenue à partir de la peau du fruit du bergamotier, parvenu à maturité.

— Senteur : fraîche hespéridée.

— Principaux constituants : acétate de linalyl, limonène, linalol, bergaptène.

— Propriétés thérapeutiques : antiseptique, antispasmodique, sédative, vermifuge.

— Usage : interne et externe.

Etat dépressif, inappétence, anxiété, parasites intestinaux.

Désinfection des blessures, plaies, furoncles, acné.

Massage : du visage et du corps (relaxation, antistress).

CAJEPUT
Melaleuca leucadendron

— Origine : arbre commun des Philippines et de Malaisie. L'huile essentielle est obtenue par distillation à la vapeur des feuilles et des bourgeons.

— Senteur : boisée.

— Principaux constituants : cinéol, pinène, terpinéol.

— Propriétés thérapeutiques : antiseptique, antispasmodique, antinévralgique.

— Usage : interne et externe.

Bronchite pharyngite, asthénie, entérite, cystite, urétrite, rhumatismes, névralgie.

Plaie, dermatose, acné, psoriasis, douleurs rhumatismales.

Massage : du corps (névralgies, rhumatismes et des zones de tension douloureuse, de l'épaule, des genoux), massage relaxant du dos.

CAMOMILLE
Chamaelum nobile / Matricaria recutita

— Origine : essence obtenue à partir de fleurs de camomille.

— Senteur : herbacée, fruitée, légèrement piquante.

— Principaux constituants : chamazulène, bisabolol, esters, pinène, linalol, phytostérol, artémol.

— Propriétés thérapeutiques : tonique, antispasmodique, antalgique, stimulant gastrique, digestive, emménagogue, sudorifique, bactéricide, apéritive.

— Usage : interne et externe.

Flatulence, colique, troubles gastriques, dyspepsie, inappétence, stress, insomnie.

Entorse, inflammation, douleurs musculaires, acné, eczéma, psoriasis, conjonctivite.

Massage : du visage et relaxant du corps.

CAMPHRE
Camphora

— Origine : plante d'Asie du Sud-Est, Bornéo. Le camphrier donne le bornéol, exsudant de son écorce, dont est tirée l'huile essentielle.

— Senteur : camphrée, caractéristique, puissante et tenace.

— Propriétés thérapeutiques : antiseptique, tonique, stimulant cardiaque, antalgique.

— Usage : interne et externe.

Dépression, asthénie, maladies infectieuses.

Douleurs musculaires.

Massage : du corps (après effort, ou suite à une contusion).

CANNELLE
Cinnamomum zeylanicum

— Origine : plante originaire de Ceylan, d'Inde, de Java, mais aussi des Antilles et de Madagascar. L'extrait d'essence est obtenue par distillation à la vapeur de l'écorce et des feuilles.

— Senteur : exotique et sucrée.

— Principaux constituants : aldéhyde cinnamique, eugénol, terpènes, pinène, cinéol, linalol, furfurol, cymène.

— Propriétés thérapeutiques : tonique, antiseptique, antispasmodique, emménagogue, carminative, astringente.

— Usage : interne et externe.

Asthénie, colique, diarrhée, règles insuffisantes, troubles digestifs, flatulence, grippe.

Plaie, dermatose.

Massage : du corps (tonique, sportif avant entraînement).

CARVI
Carum carvi

— Origine : plante commune de l'Est de la France et des Pyrénées, son essence est obtenue par distillation à la vapeur des fruits pulvérisés.

— Senteur : très aromatique et puissante.

— Principaux constituants : carvone, carvène, limonène.

— Propriétés thérapeutiques : stimulante, antispasmodique, carminative, digestive, emménagogue, galactogogue.

— Usage : interne et externe (massage).

Inappétence, aérophagie, météorisme.

Massage : de l'abdomen (contre les spasmes gastriques).

CÈDRE
Cedrus atlantica

— Origine : arbre originaire du Maroc, l'huile essentielle s'obtient par distillation à la vapeur du bois.

— Senteur : boisée.

— Principaux constituants : cédrène, atlantône, cédrol, cadinène.

— Propriétés thérapeutiques : tonifiante, stimulante, antiseptique.

— Usage : interne et externe.

Infections génitales, urinaires et pulmonaires.

Dermatose, prurit, soins de la peau et du cuir chevelu.

Massage : en drainage lymphatique et du cuir chevelu.

CITRON
Citrus lernonum

— Origine : originaire d'Inde, commune en région méditerranéenne. L'essence est obtenue par l'expression de la partie externe de l'écorce du citron.

— Senteur : fraîche.

— Principaux constituants : pinène, limonène, camphène, linalol, citral, citronellal, bergaptène.

— Propriétés thérapeutiques : antiseptique, astringente, dépurative, tonifiante, antirhumatismale, fébrifuge, carminative, vulnéraire.

— Usage : interne et externe.

Asthénie, rhumatismes insuffisance hépatique, sinusite, otite, infections ORL.

Furoncles, dartres herpès, engelure séborrhée, soins de la peau.

Massage: du corps (peaux grasses) et du visage (acné).

CYPRÈS
Cupressus sempervirens

— Origine : essence obtenue à partir du cyprès conifère commun par distillation des fruits (noix de cyprès).

— Senteur : épicée et fraiche.

— Principaux constituants : pinène, carène, myrcène, camphène, sylvestrène, cédrol, sabinol, acide valérianique.

— Propriétés thérapeutiques : astringente, antispasmodique, antisudorifique, vasoconstrictive, antirhumatismale, sédative, rééquilibrant général.

— Usage : interne et externe.

Hémorroïdes, varices, métrorragie, troubles circulatoires, ménopause, rhumatismes, toux, asthme, bronchites, maux de gorge, irritabilité.

Contusions, cellulite, tonifiant de la peau.

Massage : des pieds (transpiration, fatigue) et tonifiant du corps. Massage anticellulite.

EUCALYPTUS
Eucalyptus globulus

— Origine : l'essence est obtenue par distillation des feuilles d'eucalyptus, arbre originaire d'Australie, importé en Europe dès la fin du VIIIe siècle.

— Senteur : camphrée, boisée, pénétrante.

— Principaux constituants : cinéol, pmène, limonène, eucalyptol, camphène, phellandrène,

— Propriétés thérapeutiques : antiseptique, balsamique, fébrifuge, stimulante, hypoglycémiante, vermifuge, antidiabétique, cicatrisante.

— Usage : interne et externe.

Affection des voies respiratoires, bronchite, asthme, toux, expectorations, rhumatismes, diabète, parasites intestinaux.

Cicatrisation, sinusite.

Massage : dd la poitrine (relaxe, décongestionne, facilite la respiration).

GENIÈVRE
Juniperus comminis

— Origine : petit arbuste conifère, connu depuis l'Antiquité, pour purifier le corps et l'esprit et son action antiseptique. L'essence est obtenue par distillation des baies.

— Senteur : fraîche et boisée.

— Principaux constituants : pinène, myrcène, limonène, camphène, terpinéol, bornéol, isobornéol.

— Propriétés thérapeutiques : tonique, antiseptique, stomachique, dépurative, diurétique, antidiabétique, antirhumatismale, cicatrisante.

— Usage : interne et externe.

Goutte, sciatique, rhumatismes, névralgies, menstruations douloureuses.

Acné, eczéma, plaies, ulcères.

Massage : du corps, anticellulite contre les rhumatismes et sportif (suite à un effort physique).

GÉRANIUM
Perlagonium graveolens

— Origine : plante d'Afrique du Sud qui fut introduite en Europe à la fin du XVIIe siècle. Il en existe 700 espèces réparties en une vingtaine de familles. L'essence est obtenue par distillation de la plante entière.

— Senteur : herbacée et fleurie.

— Principaux constituants : géraniol, linalol, citronellol, terpinéol, bornéol, terpènes, esters, cétones, engénol.

— Propriétés thérapeutiques : tonique, astringente, antiseptique, hémostatique, antidiabétique, cicatrisante, antidiarrhéique, vermifuge, et antidépressive.

— Usage : interne et externe.

Asthénie, gastro-entérite, dysenterie, hémorragies, diabète, parasitose.

Plaies, engelures, ulcération dermatose acné.

Massage : des mains. Lotion tonique du visage et du corps (anticellulite).

GINGEMBRE
Zingiber officinale

— Origine : plante en provenance d'Inde et de Java. L'essence est obtenue par distillation à la vapeur des rhizomes.

— Senteur : épicée et camphrée.

— Principaux constituants : oléorésine, phénols, gingérol, zingérone, zingibérène, linalol, camphène.

— Propriétés thérapeutiques : apéritive, stomachique, tonique, stimulante, fébrifuge, antalgique.

— Usage : interne et externe.

Digestion difficile, manque d'appétit, flatulence, impuissance.

Douleurs rhumatismales, contusions.

Massage : du corps (douleurs musculaires après l'effort).

GIROFLE
Eugenia caryophyllata

— Origine : grand arbre d'Indonésie, Madagascar, îles des Antilles. L'essence est obtenue par distillation à la vapeur des boutons séchés.

— Senteur : épicée.

— Principaux constituants : eugénol, acéteugénol, furfurol, pinène, vanilline.

— Propriétés thérapeutiques : tonique, antiseptique, antinévralgique, vulnéraire.

— Usage : interne et externe.

Asthénie, dyspepsie, flatulence, névralgie.

Plaies, ulcères, dermatose.

Massage : du corps (antalgique, après effort ou contusions).

JASMIN
Jasminum grandiflorum

— Origine : plante originaire d'Inde, le jasmin fut introduit en Europe au XVIe siècle. L'essence est obtenue par distillation de la vapeur des fleurs.

— Senteur : très fleurie.

— Principaux constituants : linalol, jasmone, acétate de benzyl.

— Propriétés thérapeutiques : dépurative, antidiarrhéique, antalgique, stimulante, tonique.

— Usage : interne et externe.

Asthénie, anxiété, dépression, diarrhées, troubles hépato-vésiculaires, douleurs abdominales, syndromes prémenstruels, règles douloureuses.

Soins de la peau.

Massage : abdominal, du corps (relaxant antistress) et du cuir chevelu.

LAVANDE
Lavendula augustifolia / Lavendula officinalis

— Origine : plante commune du Midi de la France jusqu'à 1 500 m dont l'essence est obtenue par distillation à la vapeur.

— Senteur : très fleurie, herbacée.

— Principaux constituants : acétate de linalyl, linalol, caryophyllène, acétate de lavandyl, cméol, géraniol, bornéol, limonène, esthers.

— Propriétés thérapeutiques : antispasmodique, calmant, antiseptique, diurétique.

— Usage : interne et externe.

Spasmes, insomnies, neurasthénie, affections respiratoires, asthme, migraines.

Plaies, infections, eczéma, piqûres d'insectes.

Massage : du dos et du corps (relaxant anti-stress, favorise le sommeil).

LEMONGRASS
Cymbopogon citratus

— Origine : le lemongrass est originaire d'Inde, de Thailande, de Malaisie, de Madagascar et des Antilles, encore appelé verveine indienne.

L'huile essentielle est obtenue par distillation à la vapeur de la plante entière.

— Senteur : fraîche et citronnée.

— Principaux constituants : citral, linalol, géramol, myrcène, citronellal.

— Propriétés thérapeutiques : sédative, antiseptique, digestive, galactogogue, diurétique, analgésique.

— Usage : interne et externe.

Dyspepsie, digestion difficile, colite, asthénie, anxiété.

Acné et soins de la peau.

Massage : de l'abdomen (stimulation de la digestion) et du corps (sportif après l'effort).

LEPTOSPERMUM
Malaleuca aiternifolia

— Origine : plante originaire d'Australie. L'huile essentielle est obtenue à partir de la distillation à la vapeur des feuilles.

— Senteur : fraîche et épicée.

— Principaux constituants : terpméol, terpmène, cinéol, cymène, pinène.

— Propriétés thérapeutiques : antiseptique, bactéricide, béchique, vulnéraire, antifongique.

— Usage : interne et externe.

Toux, congestion respiratoire, sinusite, cystite.

Acné, plaie, ulcère, piqûre, coupure, brûlure, herpès, mycose, cors, engelure, blessure, désinfection.

Massage : des pieds (antiseptique et antifongique).

MANDARINE
Citrus reticulata

— Origine : cultivée en région méditerranéenne, en Italie, en Amérique du Sud, au Moyen-Orient ; on obtient l'essence par expression de l'écorce.

— Senteur : fraîche et fruitée.

— Principaux constituants : citral, limonène, géraniol, anthranilate de méthyle, sinensal.

— Propriétés thérapeutiques : sédative, tonifianté, antirhumatismale.

— Usage : interne et externe.

Rhumatismes, stress, insomnie, anxiété.

Massage : du corps (relaxant et anticellulitique).

MARJOLAINE
Origanum majorana

— Origine : plante symbole du bonheur et de la félicité qui pousse en région méditerranéenne. L'huile essentielle est obtenue par distillation à la vapeur des sommités fleuries et des feuilles.

— Senteur : sucrée et camphrée.

— Principaux constituants : camphre, bornéol, terpinèol, sabinène, méthyl-chavicol, eugénol, linalol.

— Propriétés thérapeutiques : bactéricide, antispasmodique, hypotensive, sédative, carminative, antalgique, vulnéraire.

— Usage : interne et externe.

Sinusite, bronchite, insomnie, règles douloureuses, spasmes digestifs, aérophagie, météorisme.

Douleurs rhumatismales, contracture, asthénie, coryza.

Massage : des mains et des jambes (lourdeurs).

MÉLISSE
Melissa officinalis

— Origine : plante de la région méditerranéenne à l'odeur citronnée. On utilise les sommités fleuries et les feuilles pour obtenir l'huile par distillation à la vapeur.

— Senteur : citronnée et douce.

— Principaux constituants : citral, linalol, géraniol, citronnellol.

— Propriétés thérapeutiques : antispasmodique, stimulant physique et intellectuel, stomachique, carminative, sudorifique.

— Usage : interne et externe.

Migraines, insomnies, dépression, règles douloureuses, chocs émotionnels, anxiété.

Dermatose, herpès, piqûres d'insectes.

Massage : relaxant du corps.

MENTHE POIVRÉE
Mentha piperita

— Origine : plante indigène, communément cultivée. Son huile essentielle est obtenue par distillation à la vapeur des feuilles et des sommités fleuries.

— Senteur : mentholée et herbacée.

— Principaux constituants : menthol, nlenthone, cinéol, menthéne, terpènes, limonéne, tanin.

— Propriétés thérapeutiques : stimulante, stomachique, antispasmodique, carminative, antiseptique, emménagogue, expectorante.

— Usage : interne et externe.

 Indigestions, atonie digestive, asthénie, flatulence, dyspepsie, règles insuffisantes, coliques, troubles gastriques.

 Asthme, bronchite, grippe, névralgie, migraine.

 Massage : tonique du corps et des pieds, abdomen (antispasmodique).

NIAOULI
Melaleuca viridiflora

— Origine : originaire d'un arbre de Nouvelle-Calédonie, l'essence est obtenue par distillation à la vapeur de ses feuilles fraîches.

— Senteur : boisée et pénétrante.

— Principaux constituants : eucalyptol, pinéne, limonéne, terpinol, citréne, térébenthène, esters valérianique, acétique, cinéol, viridiflorol.

— Propriétés thérapeutiques : balsamique, antiseptique, antirhumatismale, analgésique et vulnéraire.

— Usage : interne et externe.

 Bronchite chronique, toux, rhinite, entérite, rhumatisme.

 Plaie, eczéma, ulcère, brûlure, laryngite, bronchite.

 Massage : du thorax pour dégager les bronches.

OLIBAN
Boswellia carterii

— Origine : l'essence s'obtient à partir des gouttes de la résine émanant de l'écorce de l'arbre oliban en provenance de la péninsule arabique..

— Senteur : balsamique.

— Principaux constituants : monoterpène, olibanol, pinène, camphène, limonène.

— Propriétés thérapeutiques : expectorante, antiseptique, balsamique, sédative, antirhumatismale, antiinflammatoire, antifongique.

— Usage : interne et externe.

 Rhumatismes, toux, infections pulmonaires.

 Dermatose (pieds), infection.

 Massage : du torse pour diminuer le rythme de la respiration et dégager les bronches.

ORANGE
Citrus aurantium / Citrus vulgaris

— Origine : l'essence est obtenue par distillation à la vapeur des fleurs fraîches (de bigaradier) en provenance d'Asie, également communément cultivée dans le Midi.

— Senteur : fleurie et sucrée.

— Principaux constituants : linalol, limomène, acétate de linalyl, nérol, géraniol, ester benzoïque, jasmone, nérolidol.

— Propriétés thérapeutiques : sédative, antispasmodique, apéritive, hypnotique.

— Usage : interne et externe.

 Colite troubles gastriques, insomnie, palpitations.

 Massage : relaxant du corps (diminue les tensions, facilite l'endormissement).

PATCHOULI
Pogostemon patchouli

— Origine : en provenance d'Asie et des Antilles, l'essence est obtenue par distillation à la vapeur des feuilles séchées.

— Senteur : balsamique, boisée.

— Principaux constituants : patchoulol, patchoulène.

— Propriétés thérapeutiques : tonifiante, anti-inflammatoire, aphrodisiaque.

— Usage : externe.

Soins de la peau, acné, eczéma, soins des cheveux (pellicules ou cheveux gras).

Massage : du corps et du visage (rajeunissant de la peau, antirides).

PETIT GRAIN
Citrus aurantiumm

— Origine : huile obtenue à partir de l'exsudation des fruits et rameaux de l'arbre orenthiacée.

— Senteur : sèche et fleurie.

— Principaux constituants : acétate de linalyl, linalol, limonène, géraniol, terpinéol.

— Propriétés thérapeutiques : sédative; hypnotique.

— Usage : interne et externe.

Stress, insomnie, fatigue.

Soins des cheveux.

Massage : du corps (relaxant).

PIN SYLVESTRE
Pinus sylvestris

— Origine : arbre cultivé dans les pays nordiques. L'essence est obtenue par distillation à la vapeur des aiguilles.

— Senteur : balsamique.

— Principaux constituants : pinène, sylvestrène, cadinène, pumilone, terpènes, acétate de bornyl.

— Propriétés thérapeutiques : antiseptique, balsamique, tonique, rubéfiante.

— Usage : interne et externe.

Infections respiratoires, bronchite, trachéite, sinusite, toux, affections urinaires, rhumatismes. Courbatures, hyperhydrose plantaire, impuissance.

Massage : de la poitrine (affections respiratoires) et du corps (après effort pour combattre les courbatures).

POIVRE NOIR
Piper nigrum

— Origine : plante en provenance de Malaisie, Madagascar et du Viêt-nam. L'huile s'obtient par distillation à la vapeur des baies séchées.

— Senteur : épicée et poivrée.

— Principaux constituants : pinène, pipérine, limonène, sabinène.

— Propriétés thérapeutiques : stimulante des fonctions digestives, active la circulation sanguine.

— Usage : externe.

Atonie digestive, problèmes circulatoires.

Massage : corps (avant et après l'effort), abdomen (en cas de digestion difficile).

ROMARIN
Rosrnarinus officinales

— Origine : commune des régions méditerranéennes. On utilise les sommités fleuries pour obtenir l'huile essentielle par distillation à la vapeur.

— Senteur : herbacée et fraîche.

— Principaux constituants : pmène, cinéol, camphre, camphène, acétate de bomyl, bornéol, saponine, résine.

— Propriétés thérapeutiques : stimulante, antiseptique, antirhumatismale, hypertensive, cholagogue, emménagogue, vulnéraire, antalgique, antifongique.

— Usage : interne et externe.

Asthénie, surmenage, hypotension, migraine, asthme, bronchite, rhumatismes, goutte, dyspepsie, troubles gastriques, dysménorrhée.

Plaie, brûlure, gale, pédiculose, douleurs musculaires.

Massage : des muscles (après effort), des jambes (douleurs) et du corps (revigorant et stimulant).

ROSE
Rosa centifolia / Rosa damascena

— Origine : connue depuis l'Antiquité pour ses vertus curatives, l'essence s'obtient par distillation à froid des pétales de la fleur à la vapeur ou par l'utilisation de solvants.

— Senteur : florale intense.

— Principaux constituants : citronnellol, géraniol, nérol, linalol, citral, eugénol, phényl-éthanol.

— Propriétés thérapeutiques : aritidépressive, antihistaminique, digestive, cholagogue, sédative, antifongique, antalgique.

— Usage : interne et externe.

Anxiété stress dépression, digestion difficile, troubles hépato-vésiculaires, syndrome prémenstruel, migraine.

Maux de tête, fatigue oculaire, soins de la peau.

Massage : du visage (relaxant).

SANTAL
Santalum album

— Origine : arbre en provenance d'Inde et d'Australie. L'essence est obtenue par distillation à la vapeur du bois de santal.

— Senteur : balsamique et boisée.

— Principaux constituants : santalol, fusanol, acide santalique, acide térésantalique, carbures.

— Propriétés thérapeutiques : sédative, fébrifuge, antiseptique, astringente, aphrodisiaque.

— Usage : interne et externe.

Infection urinaire, bronchite, laryngite, dépression.

Acné, eczéma, gerçure, plaie.

Massage : du visage et du corps (relaxant, anti-stress).

SARRIETTE
Satureia montana

— Origine : plante commune en région méditerranéenne dont l'essence est obtenue par distillation de la plante et des sommités fleuries.

— Senteur : herbacée.

— Principaux constituants : pmène, carvacrol, cyméne, cinéol, thymol.

— Propriétés thérapeutiques : tonique, stimulante, antiseptique, antispasmodique, vulnéraire, expectorante.

— Usage : interne et externe.

Asthme, spasmes intestinaux affections gastriques, diarrhée, bronchite, asthénie.

Plaies, piqûres, ulcères.

Massage : du corps (tonique et vivifiant).

SAUGE SCLARÉE
Salvia sclarea

— Origine : espèce cultivée, moins toxique que la sauge officinale, dont l'essence est obtenue par distillation à la vapeur des feuilles et des fleurs.

— Senteur : herbacée.

— Principaux constituants : acétate de linalyl, linalol, pinène, myrcène, scläréol, bornéol, cinéol, salviol.

— Propriétés thérapeutiques : sédative, antispasmodique, analgésique, apéritive, stomachique, antiseptique, emménagogue, vulnéraire, hypertensive.

— Usage : interne et externe.

Asthénie, dépression, règles insuffisantes, dyspepsie, bronchite, asthme, hypotension. (Déconseillé aux femmes enceintes ou qui allaitent.)

Aphtes, stomatite, plaie ulcère, piqûre d'insecte.

Massage : de l'abdomen (malaxage relaxant en cas de tension nerveuse).

SERPOLET
Thymus serpyllum

— Origine : plante commune du Midi, son essence est extraite par distillation des sommités fleuries.

— Senteur : herbacée qui ressemble à celle du thym.

— Principaux constituants : carvacrol, thymol, bornéol.

— Propriétés thérapeutiques : digestive, tonique, antiseptique, antispasmodique et antalgique.

— Usage : interne et externe (massage).

Asthénie, spasmes digestifs, bronchite, toux.

Massage : du corps en cas de névralgie, douleur, sciatique.

VETIVERT
Vetiveria zizanoides

— Origine : plante en provenance d'Inde et de la Réunion ; on obtient l'essence par distillation à la vapeur des racines.

— Senteur : tabacée.

— Principaux constituants : vétivérol, vitivone, terpénes.

— Propriétés thérapeutiques : sédative, antiseptique.

— Usage : interne et externe.

Insomnie.

Soins de la peau.

Massage : du corps (relaxant) et lotion après rasage.

YLANG-YLANG
Canaga odorata

— Origine : plante cultivée à Java, aux Philippines, Madagascar, île de la Réunion, Comores. L'essence est obtenue par extraction à la vapeur des fleurs.

— Senteur : florale et exotique.

— Principaux constituants : linalol, safrol, eugénol, géraniol, pinène, acétate de benzyl, acide formique, salicylique, valérique, cadinène.

— Propriétés thérapeutiques : hypotensive, antiseptique, sédative.

— Usage : interne et externe.

 Stress, palpitations, tachycardie, impuissance, infection intestinale.

 Plaie, infection cutanée.

 Massage : du corps (relaxant, diminue la fréquence respiratoire et cardiaque).

LES MALADIES COURANTES

Dans ce chapitre sont répertoriés les traitements aux huiles essentielles de nombreuses affections et maladies courantes.

PRÉCAUTIONS D'EMPLOI

Faire un test préalable afin de prévenir toute réaction allergique.

AROMATHÉRAPIE

Les huiles essentielles peuvent être utilisées en usage interne ou externe.

➢ En usage interne, on prendra en général 1 à 2 gouttes 3 fois par jour d'une ou de plusieurs huiles essentielles (maximum 3 essences pour une même prise) à consommer de préférence sur un morceau de sucre ou mélangé avec du miel ou dans un yaourt.

➢ En usage externe, elles seront mélangées à l'eau d'un bain, au sein d'une huile de support pour un massage, ou disposées dans un diffuseur d'arôme.

➢ En balnéothérapie et pour les massages, vous pouvez associer différentes huiles essentielles (2 à 5 maximum) connues pour avoir des effets synergiques.

- 1 à 2 gouttes 3 fois par jour.
- Maximum 3 huiles essentielles au choix dont les effets sont synergiques.

ASTHÉNIE (fatigue)

Usage interne

2 gouttes 3 fois par jour de : cannelle, citron, menthe, romarin, sauge, lemongrass.

Usage externe

Massage, eau de bain, brûle-parfum : cannelle, menthe, romarin, lemongrass.

TROUBLES DU SOMMEIL - INSOMNIES

Usage interne

Oranger, basilic, marjolaine, camomille, lavande : 1 à 2 gouttes 3 fois par jour.

Usage externe

En huile de massage, huile de bain, brûle-parfum les mêmes huiles essentielles.

STRESS ET ANXIÉTÉ

Usage interne

Basilic, marjolaine, sarriette, camomille, genévrier, lavande, lemongrass, oliban, orange, santal, petit grain : 1 à 2 gouttes 3 fois par jour.

Usage externe

En huile de massage, huile de bain, brûle-parfum : les mêmes huiles essentielles.

ÉTAT DÉPRESSIF

Usage interne

Bergamote, géranium, jasmin, mélisse, orange, santal, sauge sclarée : 1 à 2 gouttes 3 fois par jour.

Usage externe

En huile de massage, huile de bain, brûle-parfum lavande, thym, serpolet, sarriette et menthe.

MANQUE D'APPÉTIT

Usage interne

Menthe, genièvre, lavande : 1 à 2 gouttes 3 fois par jour.

Usage externe

Pour le massage de l'abdomen et le bain : mêmes huiles essentielles.

IMPUISSANCE - FRIGIDITÉ

Usage interne

Menthe poivrée, sauge sclarée et ylang-ylang : 1 à 2 gouttes 3 fois par jour.

Usage externe

En huile de massage, huile de bain, brûle-parfum : romarin, sauge sclarée, menthe poivrée, patchouli, santal, lemongrass, jasmin, rose.

OBÉSITÉ

Usage interne

Girofle, romain, menthe, carvi, cyprès : 1 à 2 gouttes 3 fois par jour.

Usage externe

Massage de cyprès, genièvre, géranium, mandarine, oliban (vergetures).

TRAITEMENT DES DOULEURS

LOMBALGIE - DOULEURS DE DOS

Usage interne

Bains : camomille, camphre, niaouli, romarin, poivre noir, mélisse, genièvre : 1 à 2 gouttes pour un bain.

COURBATURES MUSCULAIRES
CRAMPES MUSCULAIRES

Usage externe

Cyprès, genévrier, lavande, marjolaine, sauge sclarée, camphre.

CÉPHALÉES - MIGRAINES

Usage interne

Lavande, marjolaine, romarin, mélisse : 1 à 2 gouttes 3 fois par jour.

Usage externe

Camomille, menthe, petit grain, romarin, rose, géranium, lavande, marjolaine en massage ou compresses : 1 à 2 gouttes.

CONTUSIONS

Usage externe

Massage avec : camomille, sauge, lavande, cyprès, eucalyptus, genièvre, romarin.

RHUMATISMES - ARTHROSE

Usage interne

Eucalyptus, cajeput, genièvre : 1 à 2 gouttes 3 fois par jour.

Usage externe

En huile de massage, huile de bain : camphre, laurier, lavande, genéwier, camomille, cyprès, pin.

INFECTIONS ORL
MALADIES RESPIRATOIRES

CORYZA - RHUME DE CERVEAU

Usage interne

Sarriette, eucalyptus, basilic, niaouli, origan, pin, cannelle, myrte : 1 à 2 gouttes 3 fois par jour.

Usage externe

En inhalation, bains, massages ou diffuseurs d'arômes : eucalyptus, lavande, leptospermum, marjolaine, menthe, romarin, santal, bergamote, cyprès.

RHUME DES FOINS

Usage interne

Cyprès : 1 à 2 gouttes 3 fois par jour.

Usage externe

En huile de massage, huile de bain, brûle-parfum : eucalyptus, lavande, oliban, pin, romarin, cyprès.

ANGINE

Usage interne

Citron, sarriette, géranium, thym : 1 à 2 gouttes 3 fois par jour.

Usage externe

En huile de massage, huile de bain, brûle-parfum Cyprès, lavande, leptospermum, menthe, santal, sauge.

TOUX

Usage interne

Cajeput, cyprès, eucalyptus, origan, myrrhe : 1 à 2 gouttes 3 fois par jour.

Usage externe

En huile de massage, huile de bain, brûle-parfum : bergamote, cyprès, eucalyptus, lavande, leptospermum, marjolaine, menthe poivrée, oliban, romarin, santal.

BRONCHITE

Usage interne

Oliban, thym, eucalyptus, citron : 1 à 2 gouttes 3 fois par jour.

Usage externe

En huile de massage, huile de bain, brûle-parfum : lavande, eucalyptus, cyprès, leptospermum, menthe poivrée, pin, romarin.

LARYNGITE - TRACHÉITE

Usage interne

Cajeput, marjolaine : 1 à 2 gouttes 3 fois par jour.

Usage externe

En huile de massage, huile de bain, brûle-parfum : cyprès, pin, serpolet, sapin, eucalyptus, lavande, leptospermum, sauge sclarée, menthe poivrée, santal.

SINUSITE

Usage interne

Sarriette, genièvre, menthe poivrée : 1 à 2 gouttes 3 fois par jour.

Usage externe

Inhalations, massages, bains : eucalyptus, genièvre, citron, pin sylvestre, oliban, romarin, leptospermum, lavande.

STOMATITE

Usage interne

Citron, géranium, sarriette : 1 à 2 gouttes 3 fois par jour.

Usage externe

Bains de bouche : sauge sclarée, leptospermum, lavande.

ASTHME

Usage interne

Menthe poivrée, lavande, cajeput, eucalyptus : 1 à 2 gouttes 3 fois par jour.

Usage externe

En huile de massage, huile de bain, brûle-parfum : lavande, eucalyptus, leptospermum, cyprès, santal, menthe poivrée.

EMPHYSÈME

Usage interne

Cyprès, thym : 1 à 2 gouttes 3 fois par jour.

Usage externe

En huile de massage, huile de bain, brûle-parfum : cyprès, eucalyptus, lavande, leptospermum, menthe poivrée, santal, pin sylvestre.

PREMIERS SOINS

PLAIES

Usage interne

Bains, lavages et compresses : myrrhe, romarin, cajeput, genièvre, eucalyptus, lavande, leptospermum, camomille.

BRÛLURES

Usage externe

Lavande, niaouli, sauge, romarin, eucalyptus mélangé avec de l'huile d'amande douce.

PIQÛRES D'INSECTE

Usage externe

Compresse sur la piqûre de : lavande, cajeput, camphre, citron.

COUPURES

Usage externe

Bains, lavages et compresses : lavande.

ENGELURES

Usage externe

Lavande, citron, oranger, néroli, bergamote : 1 à 2 gouttes pour un bain.

ENTORSE

Usage externe

Marjolaine, romarin, camphre dans l'huile de laurier. Massages et cataplasmes avec de l'argile.

VERTIGES

Usage externe

En huile de massage, huile de bain, brûle-parfum : lavande, marjolaine, menthe poivrée.

TÉTANIE

Usage interne

Thym : 1 à 2 gouttes 3 fois par jour.

Usage externe

En huile de massage, huile de bain, brûle-parfum : camomille, marjolaine.

GRIPPE

Usage interne

Eucalyptus, thym, niaouli, serpolet, citron, lavande : 1 à 2 gouttes 3 fois par jour.

Usage externe

En huile de massage, huile de bain, brûle-parfum : genevrier, eucalyptus, pin, menthe, cyprès, leptospermum, santal.

MALADIES DU SYSTÈME DIGESTIF

AÉROPHAGIE

Usage interne

Aneth, menthe poivrée : 1 à 2 gouttes 3 fois par jour.

Usage externe

En huile de massage, huile de bain. Massage de l'abdomen, bains : lemongrass, orange, marjolaine, romarin, poivre noir.

INDIGESTION - DYSPEPSIE

Usage interne

Carvi, menthe, thym : 1 à 2 gouttes 3 fois par jour.

Usage externe

En huile de massage ou 1 goutte sur un mouchoir de : camomille romaine, genièvre, lavande, menthe poivrée, orange, romarin.

NAUSÉES - VOMISSEMENTS

Usage interne

Aneth, citron, menthe poivrée, marjolaine, romarin : 1 à 2 gouttes 3 fois par jour.

Usage externe

En huile de massage, huile de bain, brûle-parfum : gingembre, lavande, menthe poivrée, orange, petit grain.

CONSTIPATION

Usage externe

Massages de l'abdomen : lemongrass, mandarine, marjolaine, mélisse, menthe poivrée.

DIARRHÉES

Usage interne

Thym, cajeput, serpolet, citron : 1 à 2 gouttes 3 fois par jour.

Usage externe

Massages antispasmodiques avec camomille romaine et menthe poivrée.

ULCÈRE GASTRO-DUODÉNAL

Usage externe

Lavande, camomille, en massage de l'abdomen.

LITHIASE BILIAIRE (OU RÉNALE)

Usage interne

Géranium, citron : 1 à 2 gouttes 3 fois par jour.

Usage externe

Massages, bains antispasmodiques de : Camomille romaine, menthe poivrée, lavande.

HÉMORROÏDES

Usage interne

Cyprès, ail : 1 à 2 gouttes 3 fois par jour.

Usage externe

Cyprès en huile de massage et bains.

COLITE

Usage interne

Ail, basilic, bergamote, cajeput, camomille, cannelle, géranium, lavande, menthe, thym : 1 à 2 gouttes 3 fois par jour.

Usage externe

Massages de l'abdomen et bains avec : cannelle, menthe poivrée, lavande, marjolaine, mélisse.

ENTÉRITE

Usage interne

Romarin, lavande, marjolaine, cannelle, carvi, thym : 1 à 2 gouttes 3 fois par jour.

Usage externe

Bains, massages : camomille, menthe poivrée, lavande, genièvre.

TROUBLES GYNÉCOLOGIQUES ET INFECTIONS URO-GÉNITALES

TROUBLES DES RÉGLES

Usage interne

Én cas de règles insuffisantes : cyprès, thym. En cas de règles douloureuses : cyprès, menthe, cerfeuil : 1 à 2 gouttes 3 fois par jour.

Usage externe

Bains et massages abdominaux : camomille romaine, géranium, jasmin, marjolaine, mélisse, sauge sclarée, rose.

MÉNOPAUSE

Usage interne

Camomille, cyprès, sauge : 1 à 2 gouttes 3 fois pari our.

Usage externe

Massages, bains de : camomille romaine, oliban, rose, santal, sauge sclarée.

MÉTRITE

Usage interne

Citron, sarriette, eucalyptus : 1 à 2 gouttes 3 fois par jour.

Usage externe

Massages, bains : camomille, cyprès, leptospermum, lavande.

LEUCORRHÉES

Usage interne

Eucalyptus : 1 à 2 gouttes 3 fois par jour.

Usage externe

En huile de bain : eucalyptus, genièvre, géranium, lavande, leptostermum, santal.

URÉTRITE

Usage interne

Santal, eucalyptus, sarriette, citron, genièvre : 1 à 2 gouttes 3 fois par jour.

MALADIES ET INFECTIONS DE LA PEAU INFECTIONS OCULAIRES

ECZÉMA

Usage interne

Genièvre, géranium : 1 à 2 gouttes 3 fois par j our.

Usage externe

En huile de massage, huile de bain : camomille, cyprès, genièvre, géranium, lavande, oliban, santal.

HERPÈS

Usage interne

Citron, sarriette, géranium : 1 à 2 gouttes 3 fois par jour.

Usage externe

En huile de massage, huile de bain : lavande, leptospermum.

ACNÉ

Usage interne

Eucalyptus : 1 à 2 gouttes 3 fois par jour.

Usage externe

En huile de massage, huile de bain : lLavande, bergamote, camomille, genièvre, géranium, lemongrass, leptospermum, petit grain.

VERRUES

Usage externe

Bains et massages : essence de thuya et citron.

PERTE DES CHEVEUX

Usage externe

En massage : sauge, thym.

ALLERGIES

Usage externe

Dilution 1 % à tamponner : cajeput, camomille, genévrier, géranium, sauge, thym.

PRURIT - URTICAIRE

Usage externe

En huile de massage, huile de bain : menthe, camomille, marjolaine.

ABCÈS

Usage interne

Citron, menthe : 1 à 2 gouttes 3 fois par jour.

Usage externe

Bergamote, camomille, géranium, lavande, leptospermum : compresses avec 4 gouttes d'huile essentielle.

FURONCLES

Usage interne

Thym, citron : 1 à 2 gouttes 3 fois par jour.

Usage externe

En huile de massage, huile de bain : lavande, leptosperrnum.

ZONA

Usage interne

Genièvre : 1 à 2 gouttes 3 fois par jour.

Usage externe

En huile de massage, huile de bain : sauge, lavande, camphre, cyprès, camomille, géranium, citron.

ORGELET

Usage externe

Lavande, leptospermum : compresses 1 à 2 gouttes.

MALADIES CARDIO-VASCULAIRES

HYPÉRTENSION ARTÉRIELLE

Usage interne

Citron, marjolaine, basilic : 1 à 2 gouttes 3 fois par jour.

Usage externe

En huile de massage, huile de bain, brûle-parfum : lavande, ylang-ylang, marjolaine, camomille, santal.

ANGINE DE POITRINE (Prévention)

Usage externe

Huile sédative et calmante pour le massage : orange, carvi, camomille, lavande, sauge sclarée, menthe poivrée.

ANÉMIE

Usage interne

Citron, thym, serpolet, eucalyptus : 1 à 2 gouttes 3 fois ,par jour.

Usage externe

En huile de massage, huile de bain : menthe, genièvre, camomille.

TROUBLES DE LA CIRCULATION VEINEUSE

Usage interne

Ail, cyprès, thym : 1 à 2 gouttes 3 fois par jour.

Usage externe

En huile de massage, huile de bain : cyprès, géranium.

ARTÉRIOSCLÉROSE

Usage interne

Ail, citron, genévrier : 1 à 2 gouttes 3 fois par jour.

Usage externe

En huile de massage, huile de bain : romarin, thym.

CEDÈMES

Usage interne

Ail : 1 à 2 gouttes 3 fois par jour.

Usage externe

Huile apaisante, resserre les capillaires : camomille, cyprés, geniévre, géranium.

VARICES

Usage externe

Cyprès, verveine, cèdre, citron : 1 à 2 gouttes 3 fois par jour.
En huile de massage, huile de bain : cyprès.

DIABÈTE

Usage interne

Eucalyptus, genévrier, géranium : 1 à 2 gouttes 3 fois par jour.

HYPERCHOLESTÉROLÉMIE

Usage interne

Romarin, thym : 1 à 2 gouttes 3 fois par jour.

LES BONNES RECETTES DES HERBORISTES

LES HUILES DE MASSAGE

➢ Huile anticellulite

3 gouttes de lavande
3 gouttes de cyprès
12 gouttes de géranium
dans 15 ml d'huile d'amande douce.

➢ Huile de massage pour les sportifs et rhumatisants

— Huile de millepertuis + Huile de tournesol + camomille.

— Préparation aux huiles essentielles :
Romarin : 2 gouttes
Camomille : 1 goutte
Poivre : 1 goutte
Bornéol : 1 goutte
dans 10 ml d'huile de tournesol ou d'amande douce.

➢ Huile de massage antifatigue des pieds

4 gouttes de lavande ou de menthe poivrée
2 gouttes de camomille
dans 10 ml d'huile d'amande douce ou de tournesol.

➢ Huile de massage énergétique

Romarin, bergamote, myrte (essences).

➢ Huile de massage pour le plexus solaire

Huile d'amande douce + rose (essence).

➢ Huile chauffante

Huile de support + essence de myrte + poivre noir + santal.

BALNÉOTHÉRAPIE

➢ Bains stimulants

Avec les huiles essentielles de : petit grain, romarin, g' mum.

➢ Bains relaxants

Avec les huiles essentielles de : camomille, marjolaine, genévrier, lavande, géranium, santal, .oliban, néroli, petit grain, rosé.

SOINS DE LA PEAU

PRÉPARATIONS POUR RAFFERMIR ET RÉGÉNÉRER LA PEAU

Utilisez l'huile de bois de rose et l'huile de rose
10 ml d'huile de bois de rose pour 1 ml d'huile de rose

En application :
5 gouttes pour le visage et 10 gouttes à mélanger avec l'eau du bain
(HE = huile essentielle)

Huile régénérante pour le corps

Pour 100 ml d'huile neutre

HE Bois de rose	10 gouttes
HE Romarin	5 gouttes
HE de Rose	1 goutte

Lait corporel hydratant

Pour 250 ml de lait corporel neutre

HE Bois de rose	10 gouttes
HE Géranium	10 gouttes
HE de Rose	5 gouttes

Bain de beauté pour la peau

HE Bois de rose	10 gouttes
HE Géranium	10 gouttes

HE de Rose	5 gouttes
HE Bois de rose	10 gouttes
HE Lavande	10 gouttes

HE de Cèdre	5 gouttes
HE Bois de rose	10 gouttes

Soin anti-rides visage

Pour 100 ml d'huile neutre

HE Bois de rose	15 gouttes
HE Millepertuis	15 gouttes
HE Rose	2 gouttes

Lait après soleil

Pour 250 ml de lait neutre

HE Bois de rose	15 gouttes
HE Rose	5 gouttes

Huile de soin pour les coups de soleil

Pour 100 ml d'huile neutre ou gel d'aloès

HE Camomille	15 gouttes
HE Lavande	15 gouttes

LOTIONS TONIQUES POUR LE VISAGE

Pour 100 ml d'huile neutre ou de lait neutre

Lotion peau sèche

HE Lavande	5 gouttes
HE Romarin	5 gouttes
HE Thym	5 gouttes
HE Camomille	5 gouttes

Lotion peau ridée

HE Lavande	5 gouttes
HE Romarin	5 gouttes
HE Sauge	5 gouttes

Lotion peau acnéïque

HE Lavande	5 gouttes
HE Cèdre	5 gouttes
HE Thym	5 gouttes

Lotion peau irritée

HE Lavande	10 gouttes
HE Camomille	10 gouttes

SOINS DES CHEVEUX

Pré-shampooing contre la chute des cheveux

Pour une cuillère à soupe d'huile neutre

HE Lavande	5 gouttes
HE Carotte	3 gouttes
HE Sauge sclarée	3 gouttes

Shampooing contre la chute des cheveux

Pour un demi-verre de shampoing neutre et doux

Huile de Jojoba	15 gouttes
HE Lavande	15 gouttes
HE Romarin	5 gouttes

Shampooing aux huiles essentielles

Préparation :
100 g de savon de Marseille
1l d'eau minérale
20 gouttes d'huiles essentielles

Cheveux cassants

HE Camomille	5 gouttes
HE Lavande	5 gouttes
HE Santal	5 gouttes
HE Sauge sclarée	5 gouttes

Cheveux gras

HE Citron	5 gouttes
HE Cyprès	5 gouttes
HE Romarin	5 gouttes
HE Sauge sclarée	5 gouttes

Cheveux secs

HE Géranium	5 gouttes
HE Lavande	5 gouttes
HE Romarin	5 gouttes
HE Ylang-ylang	5 gouttes

Cheveux normaux

HE Citron	5 gouttes
HE Lavande	5 gouttes
HE Géranium	5 gouttes
HE Romarin	5 gouttes

Cheveux avec pellicules

HE Bergamote	5 gouttes
HE Cèdre	5 gouttes
HE Romarin	5 gouttes
HE Sauge sclarée	5 gouttes

Perte de cheveux

HE Citron	5 gouttes
HE Cèdre	5 gouttes
HE Genièvre	5 gouttes
HE Romarin	5 gouttes

Tonifiant du cuir chevelu

HE Cèdre	5 gouttes
HE Camomille	5 gouttes
HE Romarin	5 gouttes
HE Sauge sclarée	5 gouttes

Super tonique du cuir chevelu

HE Cèdre	5 gouttes
HE Lavande	5 gouttes
HE Thym	5 gouttes
HE Ylang-ylang	5 gouttes

EXFOLIANT

Pour tous types de peau
Pour 2 cuillères à soupe d'huile d'amande douce
Une cuillère à café de vinaigre de cidre
Eau minérale

HE Romarin	2 gouttes
HE Encens	5 gouttes
HE Lavande	2 gouttes
HE Rose	2 gouttes

FUMIGATIONS POUR LA BEAUTÉ DU VISAGE

Pour 2 litres d'eau à faire bouillir, une cuillère à café de la préparation

Peau normale

Pour 3 cuillères à soupe d'huile neutre

HE Géranium	5 gouttes
HE Palmarosa	5 gouttes
HE Ylang-ylang	5 gouttes
HE Lavande	5 gouttes

Peau sèche

Pour 3 cuillères à soupe d'huile neutre

HE Bois de rose	5 gouttes
HE Palmarosa	5 gouttes
HE Rose	5 gouttes
HE Lavande	5 gouttes

Peau grasse

Pour 3 cuillères à soupe d'huile neutre

HE Citron	5 gouttes
HE Patchouli	5 gouttes
HE Santal	5 gouttes
HE Lavande	5 gouttes

Peau distendue et anti-rides

Pour 3 cuillères à soupe d'huile neutre

HE Camomille	5 gouttes
HE Encens	5 gouttes
HE Rose	5 gouttes
HE Lavande	5 gouttes

Ou

HE Bois de rose	5 gouttes
HE Romarin	5 gouttes
HE Rose	5 gouttes
HE Ylang-ylang	5 gouttes

HUILE HYDRATANTE DU MATIN

Pour 6 cuillères à soupe d'huile neutre
30 gouttes d'huile d'onagre
15 gouttes d'huile de jojoba
15 gouttes d'huile de palmarosa ou de santal

HE Carotte	5 gouttes
HE Bois de rose	5 gouttes
HE Géranium	5 gouttes
HE Ylang-ylang	5 gouttes

HUILE POUR LE CONTOUR DES YEUX

Pour 2 cuillères à soupe d'huile neutre
10 gouttes d'huile d'onagre

HE Carotte	5 gouttes
HE Graine de bourrache	5 gouttes
HE Lavande	5 gouttes

AMINCISSEMENT

Huile amincissante

Pour 100 ml d'huile neutre, en friction sur les zones à « rondeurs »

HE Genièvre	5 gouttes
HE Bouleau	5 gouttes
HE Cyprès	5 gouttes
HE Géranium	5 gouttes

Ou

HE Citron	5 gouttes
HE Genièvre	5 gouttes
HE Géranium	5 gouttes

Huile aromatique contre la cellulite

Pour 100 ml d'huile neutre

HE Romarin	5 gouttes
HE Fenouil	5 gouttes
HE Genièvre	5 gouttes
HE Pamplemousse	5 gouttes
HE Géranium	5 gouttes

Huile de massage en cas d'obésité

Pour 100 ml d'huile de support neutre

HE Lavande	5 gouttes
HE Citron	5 gouttes
HE Fenouil	5 gouttes
HE Romarin	5 gouttes
HE Géranium	5 gouttes

Friction amincissante

Pour 100 ml d'huile de support neutre

HE Géranium	5 gouttes
HE Citron	5 gouttes
HE Santal	5 gouttes
HE Verveine	5 gouttes

Ou

Pour 100 ml d'huile de support neutre

HE Géranium	5 gouttes
HE Citron	5 gouttes
HE Genièvre	5 gouttes
HE Bouleau	5 gouttes

L'ART DU BAIN

Versez les HE mélangées à un support (huile neutre, produit moussant, algues et sels de bain, poudre de lait...) dans la baignoire juste avant de rentrer dans l'eau

Bain aromatique de beauté, peau sèche

HE Camomille	5 gouttes
HE Palmarosa	5 gouttes
HE Patchouli	5 gouttes

Bain aromatique de beauté, peau grasse

HE Citron	5 gouttes
HE Ylang-ylang	5 gouttes
HE Lavande	5 gouttes

Bain aromatique de beauté, hydratant

HE Camomille	5 gouttes
HE Thym	5 gouttes
HE Lavande	5 gouttes
HE Romarin	5 gouttes

Bain aromatique relaxant

HE Camomille	5 gouttes
HE Ylang-ylang	5 gouttes
HE Lavande	5 gouttes

Ou

HE Orange	5 gouttes
HE Petit grain	5 gouttes
HE Lavande	5 gouttes

Bain aromatique stimulant

HE Romarin	5 gouttes
HE Menthe poivrée	5 gouttes
HE Lavande	5 gouttes

Ou

HE Muscade	5 gouttes
HE Marjolaine	5 gouttes
HE Lavande	5 gouttes

Bain aromatique de bien-être

HE Bergamote	5 gouttes
HE Orange	5 gouttes
HE Citron	5 gouttes
HE Menthe poivrée	2 gouttes
HE Cannelle	2 gouttes

Bain aromatique exotique

HE Lavande	5 gouttes
HE Pamplemousse	5 gouttes
HE Ylang-ylang	5 gouttes
HE Patchouli	5 gouttes

Bain tonique

HE Romarin	5 gouttes
HE Santal	5 gouttes
HE Géranium	5 gouttes
HE Bois de rose	5 gouttes

Bain régénérateur après effort

HE Romarin	5 gouttes
HE Lavande	5 gouttes
HE Térébenthine	5 gouttes
HE Thym	5 gouttes

Bain sudorifique

HE Santal	5 gouttes
HE Lavande	5 gouttes
HE Térébenthine	5 gouttes
HE Cèdre	5 gouttes

Bain sudorifique calmant

HE Sassafras	5 gouttes
HE Lavande	5 gouttes
HE Térébenthine	5 gouttes
HE Néroli	5 gouttes

Bain oriental aphrodisiaque

HE Ylang-ylang	5 gouttes
HE Santal	5 gouttes
HE Cèdre	5 gouttes
HE Géranium	5 gouttes

LES HUILES DE MASSAGE THÉRAPEUTIQUES

Utilisez les préparations pour le massage du corps selon les indications suivantes
Pour 100 ml d'huile neutre

Crampes et tensions musculaires

HE Camomille	5 gouttes
HE Eucalyptus	5 gouttes
HE Genièvre	5 gouttes
HE Gingembre	5 gouttes

Ou

HE Lavande	5 gouttes
HE Marjolaine	5 gouttes
HE Poivre	5 gouttes
HE Romarin	5 gouttes

Douleurs osseuses et rhumatismes

HE Benjoin	5 gouttes
HE Cèdre	5 gouttes
HE Camomille	5 gouttes
HE Eucalyptus	5 gouttes

Ou

HE Gingembre	5 gouttes
HE Marjolaine	5 gouttes
HE Poivre	5 gouttes
HE Romarin	5 gouttes

Ou

HE Genièvre	5 gouttes
HE Thérébentine	5 gouttes
HE Pin	5 gouttes
HE Romarin	5 gouttes
HE Santal	5 gouttes

Entorses et foulures

HE Camomille	5 gouttes
HE Lavande	5 gouttes
HE Marjolaine	5 gouttes
HE Poivre	5 gouttes

Troubles respiratoires

HE Eucalyptus	5 gouttes
HE Lavande	5 gouttes
HE Pin	5 gouttes
HE Thym	5 gouttes

Troubles digestifs

HE Camomille	5 gouttes
HE Menthe poivrée	5 gouttes
HE Marjolaine	5 gouttes
HE Gingembre	5 gouttes

Elimination des toxines, drainage

HE Angélique	5 gouttes
HE Fenouil	5 gouttes
HE Pamplemousse	5 gouttes
HE Poivre	5 gouttes

Rétention d'eau

HE Angélique	5 gouttes
HE Cyprès	5 gouttes
HE Genièvre	5 gouttes
HE Romarin	5 gouttes
HE Pamplemousse	5 gouttes

Tension nerveuse

HE Camomille	5 gouttes
HE Cèdre	5 gouttes
HE Genièvre	5 gouttes
HE Géranium	5 gouttes

Ou

HE Cyprès	5 gouttes
HE Menthe poivrée	5 gouttes
HE Genièvre	5 gouttes
HE Géranium	5 gouttes

Troubles sexuels

HE Bois de rose	5 gouttes
HE Ylang-ylang	5 gouttes
HE Santal	5 gouttes
HE Patchouli	5 gouttes

Stimulante et aphrodisiaque

HE Sarriette	5 gouttes
HE Santal	5 gouttes
HE Bois de rose	5 gouttes
HE Cannelle	5 gouttes
HE Verveine	5 gouttes

Circulation sanguine

HE Eucalyptus	5 gouttes
HE Gingembre	5 gouttes
HE Poivre	5 gouttes
HE Romarin	5 gouttes

HE Sauge	5 gouttes
HE Cyprès	5 gouttes
HE Santal	5 gouttes

Circulation lymphatique

HE Bois de rose	5 gouttes
HE Eucalyptus	5 gouttes
HE Lavande	5 gouttes
HE Tea tree	5 gouttes

STRESS ET ÉMOTIONS

Respirez le mélange de temps en temps selon les indications
Mettez quelques gouttes sur les poignets ou sur la poitrine
Versez 2 cuillères à café dans un bain chaud
Utilisez les huiles essentielles dans un brûle-parfum
Pour 100 ml d'huile de support neutre

Anxiété et agitation

HE Marjolaine	5 gouttes
HE Ylang-ylang	5 gouttes
HE Bergamote	5 gouttes
HE Lavande	5 gouttes
HE Encens	5 gouttes

Ou

HE Camomille	5 gouttes
HE Géranium	5 gouttes
HE Mandarine	5 gouttes
HE Sauge sclarée	5 gouttes
HE Lavande	5 gouttes

Manque de tonus

HE Citron	5 gouttes
HE Jasmin	5 gouttes
HE Lavande	5 gouttes
HE Pamplemousse	5 gouttes

Ou

HE Bergamote	5 gouttes
HE Jasmin	5 gouttes
HE Marjolaine	5 gouttes
HE Ylang-ylang	5 gouttes

Choc psychologique

HE Lavande	5 gouttes
HE Menthe poivrée	5 gouttes
HE Sauge sclarée	5 gouttes
HE Ylang-ylang	5 gouttes

Dépression nerveuse

HE Bergamote	5 gouttes
HE Camomille	5 gouttes
HE Orange	5 gouttes
HE Romarin	5 gouttes

Ou

HE Citron	5 gouttes
HE Lavande	5 gouttes
HE Pamplemousse	5 gouttes
HE Ylang-ylang	5 gouttes

Epuisement mental

HE Basilic	5 gouttes
HE Citron	5 gouttes
HE Pamplemousse	5 gouttes
HE Romarin	5 gouttes

Dépression réactionnelle – chagrin

HE Cyprès	5 gouttes
HE Jasmin	5 gouttes
HE Marjolaine	5 gouttes
HE Santal	5 gouttes

Dépression post-natale – Baby blues

HE Bergamote	5 gouttes
HE Lavande	5 gouttes
HE Géranium	5 gouttes
HE Encens	5 gouttes
HE Mandarine	5 gouttes

Colère – Irritabilité

HE Bergamote	5 gouttes
HE Camomille	5 gouttes
HE Cyprès	5 gouttes
HE Ylang-ylang	5 gouttes
HE Menthe poivrée	5 gouttes

Manque de confiance en soi

HE Bergamote	5 gouttes
HE Camomille	5 gouttes
HE Jasmin	5 gouttes
HE Mandarine	5 gouttes

Ou

HE Orange	5 gouttes
HE Rose	5 gouttes
HE Santal	5 gouttes
HE Sauge sclarée	5 gouttes

Décalage horaire

HE Géranium	5 gouttes
HE Lavande	5 gouttes
HE Lemongrass	5 gouttes
HE Marjolaine	5 gouttes

Ou

HE Bergamote	5 gouttes
HE Menthe poivrée	5 gouttes
HE Orange	5 gouttes
HE Romarin	5 gouttes

Manque de concentration

HE Lemongrass	5 gouttes
HE Mandarine	5 gouttes
HE Sauge sclarée	5 gouttes
HE Romarin	5 gouttes

DÉTENTE ET SOMMEIL

Pulvérisez un peu d'huiles essentielles avant d'aller au lit ou allumez un brûle-parfum
Versez quelques du mélange sur un bout de coton ou un mouchoir que vous glissez sous l'oreiller
Pour 100 ml d'huile de support neutre

Sommeil récupérateur

HE Petit grain	5 gouttes
HE Santal	5 gouttes
HE Patchouli	5 gouttes
HE Girofle	5 gouttes

Ou

HE Lavande	5 gouttes
HE Marjolaine	5 gouttes
HE Sauge sclarée	5 gouttes
HE Néroli	5 gouttes

Sommeil agité

HE Bergamote	5 gouttes
HE Lavande	5 gouttes
HE Mandarine	5 gouttes
HE Cèdre	5 gouttes

Préparation au sommeil

HE Géranium	5 gouttes
HE Mandarine	5 gouttes
HE Petit grain	5 gouttes
HE Cannelle	5 gouttes

Bain sédatif pour le sommeil

HE Marjolaine	5 gouttes
HE Néroli	5 gouttes
HE Petit grain	5 gouttes
HE Lavandes	5 gouttes

Composition sommeil pour diffuseur

HE Lavande	10 gouttes
HE Pin	10 gouttes
HE Petit grain	10 gouttes
HE Marjolaine	10 gouttes

Ou

HE Lavande	10 gouttes
HE Mandarine	10 gouttes
HE Orange	10 gouttes

SEXUALITÉ

Préparations d'huiles essentielles aux vertus aphrodisiaques
A utiliser en massage, bain aromatique ou dans un brûle parfum
Pour 100 ml d'huile de support neutre

Aphrodisiaque

HE Bois de rose	5 gouttes
HE Jasmin	5 gouttes
HE Néroli	5 gouttes
HE Santal	5 gouttes

Ou

HE Néroli	5 gouttes
HE Patchouli	5 gouttes
HE Vétiver	5 gouttes
HE Ylang-ylang	5 gouttes

Philtre d'amour

HE Santal	5 gouttes
HE Cèdre	5 gouttes
HE Sauge sclarée	5 gouttes
HE Ylang-ylang	5 gouttes
HE Bois de rose	5 gouttes

Ou

HE Cannelle	5 gouttes
HE Gingembre	5 gouttes
HE Romarin	5 gouttes
HE Ylang-ylang	5 gouttes
HE Sarriette	5 gouttes

SPORT

Préparations aux huiles essentielles pour les sportifs

Huile de massage tonifiante avant l'effort

Pour 100 ml d'huile de support neutre

HE Romarin	5 gouttes
HE Cyprès	5 gouttes
HE Lavande	5 gouttes
HE Genièvre	5 gouttes

Huile de massage de récupération après l'effort

Pour 100 ml d'huile de support neutre

HE Romarin	5 gouttes
HE Citron	5 gouttes
HE Sauge sclarée	5 gouttes
HE Orange	5 gouttes

Huile de massage en cas de tendinite

Pour 100 ml d'huile de support neutre

HE Camomille	5 gouttes
HE Lavande	5 gouttes
HE Gingembre	5 gouttes
HE Menthe poivrée	5 gouttes

Huile de massage en cas de douleurs articulaires après effort

Pour 100 ml d'huile de support neutre

HE Gingembre	5 gouttes
HE Poivre	5 gouttes
HE Girofle	5 gouttes
HE Benjoin	5 gouttes

SOINS DES PIEDS

Préparations aux huiles essentielles pour les soins des pieds

Durillons – Cors – Oignons

Pour 100 ml d'huile de support neutre

HE Carotte	5 gouttes
HE Camomille	5 gouttes
HE Girofle	5 gouttes
HE Benjoin	5 gouttes

Huile soins des pieds – Désinfection

Pour 100 ml d'huile de support neutre

HE Cyprès	5 gouttes
HE Lavande	5 gouttes
HE Romarin	5 gouttes
HE Tea-tree	5 gouttes

Huile soins des pieds – Transpiration

Pour 100 ml d'huile de support neutre

HE Cyprès	5 gouttes
HE Sauge	5 gouttes
HE Lavande	5 gouttes
HE Menthe	5 gouttes

Huile de massage adoucissante

Pour 100 ml d'huile de support neutre

HE Lavande	5 gouttes
HE Poivre	5 gouttes
HE Thym	5 gouttes
HE Romarin	5 gouttes

Huile de massage pour le réconfort des pieds

Pour 100 ml d'huile de support neutre

HE Benjoin	5 gouttes
HE Romarin	5 gouttes
HE Lavande	5 gouttes
HE Thym	5 gouttes

Huile de massage en cas de jambes lourdes et pieds enflés

Pour 100 ml d'huile de support neutre

HE Menthe poivrée	5 gouttes
HE Cyprès	5 gouttes
HE Eucalyptus	5 gouttes
HE Lavande	5 gouttes

Huile de massage revitalisante jambes lourdes

Pour 100 ml d'huile de support neutre

HE Menthe poivrée	5 gouttes
HE Cyprès	5 gouttes
HE Sauge	5 gouttes
HE Lavande	5 gouttes

FATIGUE PHYSIQUE ET MENTALE

Préparations aux huiles essentielles à utiliser en cas de fatigue
Pour 100 ml d'huile de support neutre

En cas de fatigue nerveuse

HE Menthe poivrée	5 gouttes
HE Géranium	5 gouttes
HE Thym	5 gouttes
HE Lavande	5 gouttes

Ou

HE Menthe poivrée	5 gouttes
HE Cyprès	5 gouttes
HE Encens	5 gouttes
HE Sauge sclarée	5 gouttes

En cas de convalescence

HE Pamplemousse	5 gouttes
HE Lavande	5 gouttes
HE Géranium	5 gouttes
HE Romarin	5 gouttes
HE Thym	5 gouttes
HE Gingembre	5 gouttes

Calmante pour dormir

HE Marjolaine	5 gouttes
HE Lavande	5 gouttes
HE Néroli	5 gouttes
HE Petit grain	5 gouttes

Calmante pour se détendre

HE Marjolaine	5 gouttes
HE Lavande	5 gouttes
HE Basilic	5 gouttes
HE Camomille	5 gouttes

En cas de fatigue générale

HE Géranium	5 gouttes
HE Romarin	5 gouttes
HE Menthe poivrée	5 gouttes
HE Sauge sclarée	5 gouttes

Friction tonique matinale

Pour 100 ml d'huile de support neutre

HE Verveine	5 gouttes
HE Géranium	5 gouttes
HE Citron	5 gouttes
HE Lavande	5 gouttes

Friction revitalisante du soir

Pour 100 ml d'huile de support neutre

HE Verveine	5 gouttes
HE Marjolaine	5 gouttes
HE Lemongrass	5 gouttes
HE Lavande	5 gouttes

AROMATHÉRAPIE POUR LE JEUNE ENFANT

Préparations calmante et équilibrante pour le jeune enfant de 3 mois à 5 ans
Pour une cuillère à soupe d'huile d'olive en massage ou brûle-parfum

HE Camomille	1 goutte
HE Lavande	1 goutte
HE Pamplemousse	1 goutte
HE Rose	1 goutte

Ou

HE Camomille	1 goutte
HE Lavande	1 goutte
HE Géranium	1 goutte
HE Citron	1 goutte

PROBLÈMES DU DOS

Préparations aux huiles essentielles pour les problèmes de dos à utiliser en massage

Tensions du dos

En massage sur les zones douloureuses
Pour 100 ml d'huile de support neutre

HE Lavande	5 gouttes
HE Cyprès	5 gouttes
HE Menthe poivrée	5 gouttes
HE Gingembre	5 gouttes

Lumbago

Pour 100 ml d'huile de support neutre

HE Lavande	5 gouttes
HE Gingembre	5 gouttes
HE Marjolaine	5 gouttes
HE Romarin	5 gouttes

Sciatique

Pour 100 ml d'huile de support neutre ou d'huile de calendula

HE Lavande	5 gouttes
HE Romarin	5 gouttes
HE Marjolaine	5 gouttes
HE Camomille	5 gouttes

Friction détente

Pour 100 ml d'huile de support neutre ou d'huile de calendula

HE Lavande	5 gouttes
HE Petit grain	5 gouttes
HE Marjolaine	5 gouttes
HE Lemongrass	5 gouttes

REVITALISATION ÉNERGÉTIQUE

Préparations pour retrouver la forme et le tonus à utiliser en huile de massage ou en diffuseur

Intellectuelle

Pour 100 ml d'huile de support neutre

HE Coriandre	5 gouttes
HE Girofle	5 gouttes
HE Estragon	5 gouttes
HE Romarin	5 gouttes

Générale

Pour 100 ml d'huile de support neutre

HE Origan	5 gouttes
HE Sarriette	5 gouttes
HE Coriandre	5 gouttes
HE Romarin	5 gouttes

Nerveuse

Pour 100 ml d'huile de support neutre

HE Basilic	5 gouttes
HE Marjolaine	5 gouttes
HE Lavande	5 gouttes
HE Verveine	5 gouttes

Sexuelle

Pour 100 ml d'huile de support neutre

HE Cannelle	5 gouttes
HE Gingembre	5 gouttes
HE Sarriette	5 gouttes
HE Ylang-ylang	5 gouttes

AMBIANCES AROMATIQUES

A diffuser dans l'atmosphère dans un brûle-parfum, ou en huile de massage
Compositions indiquées par exemple pour la méditation, le yoga, le Qi gong...

Harmonie et créativité

Pour 100 ml d'huile de support neutre

HE Camomille	5 gouttes
HE Bois de rose	5 gouttes
HE Cèdre	5 gouttes
HE Marjolaine	5 gouttes

Ou

HE Géranium	5 gouttes
HE Bois de rose	5 gouttes
HE Lavande	5 gouttes
HE Sarriette	5 gouttes

Composition anti-tabac

A diffuser dans l'atmosphère

HE Verveine	10 gouttes
HE Géranium	10 gouttes
HE Pin	10 gouttes
HE Cèdre	10 gouttes

Composition aromatique « relaxation-détente »

A diffuser dans l'atmosphère

HE Marjolaine	10 gouttes
HE Lavande	10 gouttes
HE Bois de rose	10 gouttes
HE Verveine	10 gouttes

Ou

HE Marjolaine	10 gouttes
HE Lavande	10 gouttes
HE Petit grain	10 gouttes
HE Néroli	10 gouttes

Ou

HE Marjolaine	10 gouttes
HE Lavande	10 gouttes
HE Pin	10 gouttes
HE Menthe	10 gouttes

Composition aromatique « tonique »

A diffuser dans l'atmosphère

HE Romarin	10 gouttes
HE Pin	10 gouttes
HE Genièvre	10 gouttes
HE Eucalyptus	10 gouttes

Ou

HE Romarin	10 gouttes
HE Pin	10 gouttes
HE Genièvre	10 gouttes
HE Coriandre	10 gouttes

Ou

HE Coriandre	10 gouttes
HE Verveine	10 gouttes
HE Romarin	10 gouttes
HE Pin	10 gouttes

Composition aromatique – « Bien-être »

A diffuser dans l'atmosphère

HE Verveine	10 gouttes
HE Lemongrass	10 gouttes
HE Bois de rose	10 gouttes

Composition aromatique – « Bonne respiration »

A diffuser dans l'atmosphère

HE Eucalyptus	10 gouttes
HE Pin	10 gouttes
HE Thym	10 gouttes
HE Romarin	10 gouttes

Composition aromatique – « Exotique »

A diffuser dans l'atmosphère

HE Cannelle	10 gouttes
HE Cèdre	10 gouttes
HE Lavande	10 gouttes

Composition aromatique – « Érotique »

A diffuser dans l'atmosphère

HE Coriandre	10 gouttes
HE Cèdre	10 gouttes
HE Ylang-ylang	10 gouttes
HE Cannelle	10 gouttes

Ou

HE Coriandre	10 gouttes
HE Girofle	10 gouttes
HE Ylang-ylang	10 gouttes
HE Muscade	10 gouttes

Composition aromatique – « Sommeil »

A diffuser dans l'atmosphère

HE Marjolaine	10 gouttes
HE Lavande	10 gouttes
HE Pin	10 gouttes
HE Verveine	10 gouttes

Ou

HE Marjolaine	10 gouttes
HE Lavande	10 gouttes
HE Petit grain	10 gouttes
HE Néroli	10 gouttes

Ou

HE Marjolaine	10 gouttes
HE Lavande	10 gouttes
HE Bois de rose	10 gouttes
HE Menthe	10 gouttes

EFFETS DES HUILES ESSENTIELLES SUR LE MENTAL ET LES ÉMOTIONS

BASILIC

Calme et améliore l'humeur.
Agit positivement sur la mémoire et la concentration.
Réduit le stress.
Favorise le sommeil.
Utile pour les exercices de relaxation et la méditation.

BERGAMOTE

Effet anxiolytique et anti-stress.
Equilibrant du système nerveux.
Améliore l'humeur.

BOIS DE ROSE

Calmante et anti-stress.
Améliore l'humeur.

CAJEPUT

Calmante et anti-stress.
Améliore le sommeil.

CAMOMILLE

Calmante et anti-stress.
Améliore le sommeil.
Améliore l'humeur.

CANNELLE

Améliore l'humeur.
Anti-stress et stimulant.
Agit positivement sur la fatigue nerveuse.

CÈDRE

Calmant et anxiolytique.
Améliore le sommeil.
Utile pour les exercices de relaxation et la méditation.

CITRON

Calmant et anti-stress.
Effet positif sur la fatigue nerveuse.
Améliore la mémoire et la concentration.
Améliore le sommeil.
Equilibrant du système nerveux.

CITRONNELLE

Calmant et anti-stress.
Stimulant psychologique.
Améliore l'humeur.
Améliore la vigilance.

CORIANDRE

Tonique et aphrodisiaque.
Asthénies physiques, nerveuses et glandulaires.

CUMIN

Calmant et anti-stress.
Améliore l'humeur.
Effet bénéfique sur la fatigue nerveuse.
Utile pour les exercices de relaxation et la méditation.

CYPRÈS

Rééquilibrant général.
Améliore l'humeur.
Améliore la vigilance et la concentration.
Améliore le sommeil.
Diminue la tension nerveuse.

ESTRAGON

Antispasmodique.
Stimulant général et dystonie neuro-végétative.

EUCALYPTUS

Stimulant général.
Améliore la vigilance.
Energisante.

GENIÈVRE

Relaxant et anti-stress.
Améliore l'humeur.
Stimulante.
Améliore la concentration et la mémoire.

GÉRANIUM

Calmant à faible dose, stimulant à forte dose.
Améliore l'humeur.
Anti-stress.
Favorise la communication.

GINGEMBRE

Stimulant, tonique et aphrodisiaque.
Améliore l'humeur.
Effet positif sur les états de fatigue nerveuse.
Améliore la concentration et la mémoire.

CLOU DE GIROFLE

Excitant glandulaire, stimulant et aphrodisiaque.
Améliore l'humeur et la fatigue nerveuse.
Améliore la mémoire et la concentration.

HYSOPE

Calmant.
Améliore l'humeur.
Améliore la vigilance.

LAVANDE

Calmant à faible dose stimulant à forte dose.
Améliore l'humeur.
Améliore le sommeil.
Equilibrant nerveux.
Antispasmodique.
Effets bénéfiques sur les états anxieux et l'irritabilité.

LEMONGRASS

Améliore l'humeur.
Améliore la vigilance.
Améliore la qualité du sommeil.
Anti-stress et rééquilibrant nerveux.

MANDARINE

Calmant et anti-stress.
Améliore l'humeur.
Améliore le sommeil.
Soulage les tensions nerveuses.
Améliore l'attention et la concentration.

MARJOLAINE

Equilibrant du système neuro-végétatif.
Détend et favorise le sommeil.
Calmant et anti-stress.
Effets bénéfiques en cas d'anxiété, angoisse et dans les états dépressifs.

MENTHE POIVRÉE

Tonique, stimulant et légèrement aphrodisiaque.
Anti-asthénique.
Améliore l'humeur.
Améliore la concentration et la mémoire.
Encourage la communication.

MUSCADE

Stimulant général.
Aphrodisiaque.
Calmant et améliore le sommeil à faible dose.
Améliore l'humeur.
Améliore la vigilance.
Utile en cas de fatigue générale et d'impuissance.

NIAOULI

(voir Cajeput aux propriétés voisines).

ORANGE

Puissant sédatif nerveux.
Améliore le sommeil.
Calmant et anti-stress.
Améliore l'humeur.

ORIGAN

Tonique du système nerveux.
Améliore l'humeur.
Améliore l'attention et la concentration.
Utile en cas de fatigue générale.

PIN

Stimulant des cortico-surrénales.
Améliore les états de fatigue.
Améliore l'humeur.
Améliore l'attention et la concentration.

ROMARIN

Tonique et stimulant général.
Aphrodisiaque.
Puissant revitalisant.
Améliore l'humeur.
Améliore la concentration et la mémoire.
Utile en cas de fatigue générale.

ROSE

Puissant régénérateur.
Améliore l'humeur.
Anti-stress.
Aphrodisiaque.

SANTAL

Puissant tonique et aphrodisiaque.
Améliore l'humeur.
Anti-stress.
Favorise la communication et l'expression des émotions.
Améliore le sommeil.
Utile en cas de fatigue générale et sexuelle.

SARRIETTE

Stimulant intellectuel et des cortico-surrénales.
Aphrodisiaquc.
Améliore l'humeur.
Améliore la vigilance.
Utile en cas de fatigue générale et sexuelle.

SAUGE

Puissant tonique.
Effet anti-stress.
Améliore l'attention et la concentration.
Utile en cas de fatigue générale et nerveuse.

THYM

Puissant stimulant général.
Améliore l'humeur.
Améliore la concentration et l'attention.
Relaxant nerveux.
Utile en cas de fatigue générale.

VANILLE

Calmant et anti-stress.
Améliore le sommeil.
Améliore l'humeur.
Aphrodisiaque.

VÉTIVER

Calmant et anti-stress.
Améliore l'humeur.
Améliore le sommeil.
Soulage les tensions nerveuses.

VERVEINE

Régularise le système neuro-végétatif.
Equilibrant nerveux.
Harmonise le système énergétique.
Utile en cas de fatigue générale, stress, anxiété, irritation.

YLANG-YLANG

Calmant et anti-stress.
Améliore l'humeur.
Améliore le sommeil.
Aphrodisiaque.
Favorise la communication et l'expression des émotions.
Utile en cas de fatigue générale et sexuelle.

COMPOSER SA PHARMACIE AROMATIQUE FAMILIALE

38 HUILES ESSENTIELLES POUR TRAITER TOUS LES PROBLÈMES QUOTIDIENS

A utiliser en huiles de massage – diffuseurs – fumigations – frictions

1 **Basilic :** Tonique nerveux, fatigue nerveuse.

2 **Bergamote :** Infections intestinales, parasites intestinaux.

3 **Bois de rose :** Régénérateur tissulaire, anti-rides, cicatrisation, vergetures.

4 **Cajeput :** Antiseptique général, affections pulmonaires, intestinales et urinaires.

5 **Camomille :** Antispasmodique, migraines, douleurs, sinusites, névralgies…

6 **Cannelle :** Stimulant général, stimulant sexuel, diarrhées.

7 **Carvi :** Apéritif et digestif. Toutes les dyspepsies.

8 **Cèdre :** Toutes les dermatoses. Antiseptique génito-urinaire et pulmonaire.

9 **Citron :** Augmente les défenses naturelles. Dépuratif. Cicatrisant. Anti-âge.

10 **Citronnelle :** Contre les moustiques.

11 **Coriandre :** Stimulant général. Stimulant de la mémoire et sexuel. Digestif.

12 **Cyprès :** Tonifiant vasculaire. Améliore la circulation veineuse et générale.

13 **Estragon :** Stimulant digestif. Antispasmodique. Hoquet.

14 **Eucalyptus :** antiseptique respiratoire et urinaire.

15 **Genièvre :** Anti-rhumatismal. Diurétique (problèmes de rétention d'eau).

16 **Géranium :** Tonique général. Cicatrisant (plaies brûlures...). Diabète.

17 **Gingembre :** Tonique. Aphrodisiaque. Stimule les fonctions glandulaires.

18 **Girofle :** Anti-infectieux. Anesthésiant pour les maux de dents. Troubles de la mémoire.

19 **Hysope :** Affections respiratoires. Asthme. Cicatrisant des tissus et plaies.

20 **Lavande :** Equilibrant du système nerveux. Antiseptique général. Cicatrisant des plaies. Calmant.

21 **Lemongrass :** Antiseptique. Maladies infectieuses. Grippe.

22 **Marjolaine :** Calmant. Angoisses, anxiétés, insomnies, dépressions.

23 **Menthe :** Stimulant général. Tonique. Digestif. Bactéricide

24 **Muscade :** Tonique stimulant général. Digestif. Aphrodisiaque.

25 **Niaouli :** Antiseptique pulmonaire. Bronchite.

26 **Néroli :** Sédatif nerveux. Favorise le sommeil.

27 **Orange :** Sédatif nerveux. Calmant. Favorise le sommeil.

28 **Pin :** Antiseptique des voies respiratoires, urinaires et hépatiques. Toux.

29 **Petit grain :** Sédatif nerveux. Calmant. Favorise le sommeil.

30 **Origan :** Stimulant général. Antiseptique général.

31 **Romarin :** Tonique et stimulant général. Sport. Tensions musculaires. Aphrodisiaque.

32 **Rose :** Régénérateur tissulaire. Anti-rides.

33 **Santal :** Tonique général. Aphrodisiaque. Antiseptique génito-urinaire.

34 **Sarriette :** Tonus physique et sexuel. Antifongique. Mycoses. Cicatrisant.

35 **Sauge :** Tonique. Régulateur de la tension. Problèmes menstruels.

36 **Thym :** Antiseptique général, intestinal, pulmonaire te génito-urinaire. Stimulant général.

37 **Verveine :** Régularise le système neuro-végétatif. Fatigue, anxiété, dépression.

38 **Ylang-ylang :** Tonique et stimulant général. Aphrodisiaque.

LES FRICTIONS AROMATIQUES DE SANTÉ

Les frictions s'effectuent de préférence après une douche ou un bain. Le matin ou le soir selon les indications

Pendant trois minutes minimum avec 20 gouttes d'une composition. Massez énergiquement la nuque, la poitrine, le dos, la colonne vertébrale, le bas de reins, la plante des pieds, le plexus solaire. Après la friction prenez quelques minutes pour respirer profondément ou faire une séance de relaxation

Pour 100 ml d'huile neutre (germe de blé, olive, amande douce, pépin de raisin) ou lait neutre pour le corps

Friction tonique du matin

HE Romarin	5 gouttes
HE Géranium	5 gouttes
HE Citron	5 gouttes
HE Lavande	5 gouttes

Ou

HE Cannelle	5 gouttes
HE Sarriette	5 gouttes
HE Thym	5 gouttes
HE Cèdre	5 gouttes

Friction détente du soir

HE Lavande	5 gouttes
HE Marjolaine	5 gouttes
HE Bois de rose	5 gouttes
HE Lemongrass	5 gouttes

Ou

HE Lavande	5 gouttes
HE Camomille	5 gouttes
HE Orange	5 gouttes
HE Petit grain	5 gouttes

Friction digestive

HE Carvi	5 gouttes
HE Marjolaine	5 gouttes
HE Coriandre	5 gouttes
HE Romarin	5 gouttes

Ou

HE Cumin	5 gouttes
HE Coriandre	5 gouttes
HE Sarriette	5 gouttes
HE Origan	5 gouttes

Ou

HE Carvi	5 gouttes
HE Marjolaine	5 gouttes
HE Muscade	5 gouttes
HE Lavande	5 gouttes

Friction respiratoire

HE Pin	5 gouttes
HE Eucalyptus	5 gouttes
HE Lavande	5 gouttes
HE Thym	5 gouttes

Ou

HE Pin	5 gouttes
HE Eucalyptus	5 gouttes
HE Cajeput	5 gouttes
HE Camomille	5 gouttes

Ou

HE Pin	5 gouttes
HE Eucalyptus	5 gouttes
HE Niaouli	5 gouttes
HE Romarin	5 gouttes

Ou

HE Pin	5 gouttes
HE Eucalyptus	5 gouttes
HE Thym	5 gouttes
HE Romarin	5 gouttes
HE Cajeput	5 gouttes

Friction circulatoire

HE Cyprès	5 gouttes
HE Citron	5 gouttes
HE Lavande	5 gouttes
HE Sauge	5 gouttes

Ou

HE Cyprès	5 gouttes
HE Menthe	5 gouttes
HE Lavande	5 gouttes
HE Sauge	5 gouttes

Ou

HE Cyprès	5 gouttes
HE Bouleau	5 gouttes
HE Lavande	5 gouttes
HE Genièvre	5 gouttes

Ou

HE Cyprès	5 gouttes
HE Menthe	5 gouttes
HE Lavande	5 gouttes
HE Romarin	5 gouttes

Friction amincissante

HE Géranium	5 gouttes
HE Cyprès	5 gouttes
HE Bouleau	5 gouttes
HE Genièvre	5 gouttes

Ou

HE Géranium	5 gouttes
HE Citron	5 gouttes
HE Bouleau	5 gouttes
HE Genièvre	5 gouttes

Friction pour soulager les douleurs

HE Romarin	5 gouttes
HE Pin	5 gouttes
HE Térébenthine	5 gouttes
HE Genièvre	5 gouttes

Ou

HE Romarin	5 gouttes
HE Pin	5 gouttes
HE Térébenthine	5 gouttes
HE Lavande	5 gouttes

Ou

HE Romarin	5 gouttes
HE Marjolaine	5 gouttes
HE Térébenthine	5 gouttes
HE Genièvre	5 gouttes

Ou

HE Lavande	5 gouttes
HE Pin	5 gouttes
HE Camomille	5 gouttes
HE Genièvre	5 gouttes

Friction tantrique aphrodisiaque

HE Romarin	5 gouttes
HE Sarriette	5 gouttes
HE Ylang-ylang	5 gouttes
HE Thym	5 gouttes

Ou

HE Romarin	5 gouttes
HE Sarriette	5 gouttes
HE Ylang-ylang	5 gouttes
HE Santal	5 gouttes

Ou

HE Cannelle	5 gouttes
HE Coriandre	5 gouttes
HE Romarin	5 gouttes
HE Girofle	5 gouttes

Ou

HE Gingembre	5 gouttes
HE Romarin	5 gouttes
HE Sarriette	5 gouttes
HE Girofle	5 gouttes

Ou

HE Bois de rose	5 gouttes
HE Sarriette	5 gouttes
HE Romarin	5 gouttes
HE Verveine	5 gouttes

Friction soins de la peau

HE Bois de rose	5 gouttes
HE Lavande	5 gouttes
HE Carotte	5 gouttes
HE Citron	5 gouttes

Ou

HE Bois de rose	5 gouttes
HE Lavande	5 gouttes
HE Sassafras	5 gouttes
HE Cèdre	5 gouttes

Ou

HE Sauge	5 gouttes
HE Lavande	5 gouttes
HE Romarin	5 gouttes
HE Cèdre	5 gouttes

Ou

HE Bois de rose	5 gouttes
HE Géranium	5 gouttes
HE Romarin	5 gouttes
HE Santal	5 gouttes

Ou

HE Bois de rose	5 gouttes
HE Lavande	5 gouttes
HE Cèdre	5 gouttes
HE Rose	5 gouttes

Friction soins des pieds

HE Sauge	5 gouttes
HE Lavande	5 gouttes
HE Menthe	5 gouttes
HE Bois de rose	5 gouttes

Ou

HE Cyprès	5 gouttes
HE Lavande	5 gouttes
HE Camomille	5 gouttes
HE Bois de rose	5 gouttes

Ou

HE Romarin	5 gouttes
HE Lavande	5 gouttes
HE Cyprès	5 gouttes
HE Bois de rose	5 gouttes

Friction soins des cheveux

100 gouttes de la composition en massage doux

HE Romarin	5 gouttes
HE Lavande	5 gouttes
HE Ylang-ylang	5 gouttes
HE Cèdre	5 gouttes

Ou

HE Sauge	5 gouttes
HE Lavande	5 gouttes
HE Thym	5 gouttes
HE Cèdre	5 gouttes

Ou

HE Romarin	5 gouttes
HE Lavande	5 gouttes
HE Ylang-ylang	5 gouttes
HE Thym	5 gouttes

Friction anti-fatigue

HE Origan	5 gouttes
HE Marjolaine	5 gouttes
HE Verveine	5 gouttes
HE Basilic	5 gouttes

Friction respiratoire contre la toux

HE Eucalyptus	5 gouttes
HE Pin	5 gouttes
HE Origan	5 gouttes
HE Lavande	5 gouttes

Friction tonique pour les sportifs

HE Romarin	5 gouttes
HE Lavande	5 gouttes
HE Térébenthine	5 gouttes
HE Géranium	5 gouttes

INHALATIONS AROMATIQUES

Inhalations de 5 à 10 minutes. Placez les huiles essentielles dans l'inhalateur.

Calmante – Anti-stress

HE Marjolaine	3 gouttes
HE Lavande	3 gouttes
HE Orange	3 gouttes
HE Camomille	3 gouttes

Respiratoire

HE Pin	3 gouttes
HE Eucalyptus	3 gouttes
HE Hysope	3 gouttes
HE Lavande	3 gouttes

Ou

HE Pin	3 gouttes
HE Eucalyptus	3 gouttes
HE Thym	3 gouttes
HE Lavande	3 gouttes

Ou

HE Cajeput	3 gouttes
HE Eucalyptus	3 gouttes
HE Romarin	3 gouttes
HE Lavande	3 gouttes

Ou

HE Pin	3 gouttes
HE Eucalyptus	3 gouttes
HE Origan	3 gouttes
HE Lavande	3 gouttes

Anti-grippe

HE Cannelle	3 gouttes
HE Origan	3 gouttes
HE Thym	3 gouttes
HE Géranium	3 gouttes
HE Girofle	3 gouttes

Friction revitalisante anti-fatigue

HE Sauge	5 gouttes
HE Thym	5 gouttes
HE Ylang-ylang	5 gouttes
HE Lavande	5 gouttes

PETITS BOBOS ET PREMIERS SOINS

A utiliser en inhalations (4 à 10 gouttes de la composition), bains aromatiques, et massages
Pour 100 ml d'huile de support neutre

INFECTIONS ET PREMIERS SOINS

Toux et Rhume

De préférence en inhalation sinon en diffuseur

HE Bergamote	5 gouttes
HE Cyprès	5 gouttes
HE Eucalyptus	5 gouttes
HE Lavande	5 gouttes

Ou

HE Marjolaine	5 gouttes
HE Romarin	5 gouttes
HE Santal	5 gouttes
HE Oliban	5 gouttes

Ou

HE Eucalyptus	5 gouttes
HE Cyprès	5 gouttes
HE Marjolaine	5 gouttes
HE Lavande	5 gouttes

Maux de gorge

Appliquez sur le cou une compresse chaude enrichie de 4 à 6 gouttes de la composition

HE Menthe poivrée	5 gouttes
HE Cyprès	5 gouttes
HE Santal	5 gouttes
HE Lavande	5 gouttes

Ou

HE Menthe poivrée	5 gouttes
HE Sauge	5 gouttes
HE Santal	5 gouttes
HE Lavande	5 gouttes

Sinusite

De préférence en inhalation

HE Eucalyptus	5 gouttes
HE Lavande	5 gouttes
HE Pin	5 gouttes
HE Romarin	5 gouttes

Ou

HE Eucalyptus	5 gouttes
HE Oliban	5 gouttes
HE Lavande	5 gouttes
HE Pin	5 gouttes

Infections des voies respiratoires

De préférence en inhalation

HE Eucalyptus	5 gouttes
HE Lavande	5 gouttes
HE Pin	5 gouttes
HE Romarin	5 gouttes

Ou

HE Cyprès	5 gouttes
HE Marjolaine	5 gouttes
HE Menthe poivrée	5 gouttes
HE Romarin	5 gouttes

Maux d'oreilles (Otites)

Attention à ce qu'aucune goutte de la composition ne pénètre dans l'oreille

HE Camomille	5 gouttes
HE Lavande	5 gouttes
HE Leptospermum	5 gouttes

Coupures et plaies mineures

Appliquez une compresse froide enrichie de 4 à 6 gouttes de la composition

HE Bergamote	5 gouttes
HE Camomille	5 gouttes
HE Géranium	5 gouttes
HE Lavande	5 gouttes

Ou

HE Bergamote	5 gouttes
HE Camomille	5 gouttes
HE Géranium	5 gouttes
HE Leptospermum	5 gouttes

Brûlures légères

Appliquez une compresse froide enrichie de 4 à 6 gouttes de la composition

HE Camomille	5 gouttes
HE Leptospermum	5 gouttes
HE Géranium	5 gouttes
HE Lavande	5 gouttes

Morsures et piqûres d'insectes

Versez sur un coton 1 à 2 gouttes de la composition. Tamponnez

HE Camomille	5 gouttes
HE Leptospermum	5 gouttes
HE Lavande	5 gouttes

MAUX ET DOULEURS

Migraines – Maux de tête

Appliquez sur le front une compresse froide enrichie de quelques gouttes de la composition

HE Camomille	5 gouttes
HE Menthe poivrée	5 gouttes
HE Géranium	5 gouttes
HE Lavande	5 gouttes

Ou

HE Camomille	5 gouttes
HE Petit grain	5 gouttes
HE Romarin	5 gouttes
HE Rose	5 gouttes

Ou

HE Camomille	5 gouttes
HE Marjolainc	5 gouttes
HE Géranium	5 gouttes
HE Romarin	5 gouttes

Crampes musculaires

Appliquez une compresse chaude enrichie de quelques gouttes de la composition

HE Cyprès	5 gouttes
HE Genièvre	5 gouttes
HE Marjolaine	5 gouttes
HE Lavande	5 gouttes

Ou

HE Cyprès	5 gouttes
HE Genièvre	5 gouttes
HE Sauge	5 gouttes
HE Lavande	5 gouttes

Douleurs musculaires

Appliquez une compresse chaude enrichie de quelques gouttes de la composition

HE Camomille	5 gouttes
HE Eucalyptus	5 gouttes
HE Genièvre	5 gouttes
HE Lavande	5 gouttes

Ou

HE Gingembre	5 gouttes
HE Marjolaine	5 gouttes
HE Genièvre	5 gouttes
HE Romarin	5 gouttes

Maux de dos

Appliquez une compresse chaude enrichie de quelques gouttes de la composition

HE Camomille	5 gouttes
HE Eucalyptus	5 gouttes
HE Genièvre	5 gouttes
HE Lavande	5 gouttes

Ou

HE Orange	5 gouttes
HE Poivre noir	5 gouttes
HE Romarin	5 gouttes
HE Lavande	5 gouttes

Entorses et enflures

Appliquez une compresse froide enrichie de quelques gouttes de la composition

HE Camomille	5 gouttes
HE Cyprès	5 gouttes
HE Genièvre	5 gouttes
HE Lavande	5 gouttes

Ou

HE Marjolaine	5 gouttes
HE Oliban	5 gouttes
HE Romarin	5 gouttes
HE Lavande	5 gouttes

PROBLÈMES DIGESTIFS

Indigestion

Appliquez quelques gouttes de la composition en massage sur l'abdomen

HE Camomille	5 gouttes
HE Menthe poivrée	5 gouttes
HE Genièvre	5 gouttes
HE Lavande	5 gouttes

Ou

HE Romarin	5 gouttes
HE Orange	5 gouttes
HE Genièvre	5 gouttes
HE Lavande	5 gouttes

Constipation

Appliquez quelques gouttes de la composition en massage sur l'abdomen

HE Lemongrass	5 gouttes
HE Mandarine	5 gouttes
HE Marjolaine	5 gouttes
HE Orange	5 gouttes

Ou

HE Romarin	5 gouttes
HE Poivre noir	5 gouttes
HE Marjolaine	5 gouttes
HE Orange	5 gouttes

Troubles intestinaux

Appliquez quelques gouttes de la composition en massage sur l'abdomen ou ajoutez-les à l'eau d'un bain

HE Camomille	5 gouttes
HE Lavande	5 gouttes
HE Marjolaine	5 gouttes
HE Néroli	5 gouttes

Ou

HE Menthe poivrée	5 gouttes
HE Camomille	5 gouttes
HE Marjolaine	5 gouttes
HE Néroli	5 gouttes

« Gueule de bois »

Appliquez quelques gouttes de la composition en massage sur l'abdomen et le plexus ou ajoutez-les à l'eau d'un bain

HE Genièvre	5 gouttes
HE Jasmin	5 gouttes
HE Lavande	5 gouttes
HE Menthe poivrée	5 gouttes

Ou

HE Menthe poivrée	5 gouttes
HE Romarin	5 gouttes
HE Rose	5 gouttes
HE Santal	5 gouttes

Nausées

Appliquez quelques gouttes de la composition sur un mouchoir et respirez-le

HE Gingembre	5 gouttes
HE Petit grain	5 gouttes
HE Lavande	5 gouttes
HE Menthe poivrée	5 gouttes

Ou

HE Menthe poivrée	5 gouttes
HE Petit grain	5 gouttes
HE Lavande	5 gouttes
HE Orange	5 gouttes

Colique et gaz

Appliquez quelques gouttes de la composition en massage sur l'abdomen

HE Camomille	10 gouttes
HE Menthe poivrée	10 gouttes

PREMIERS SECOURS

Ampoules

Nettoyez la zone et appliquez quelques gouttes du mélange

HE Géranium	5 gouttes
HE Tea-tree	5 gouttes

Démangeaisons

Appliquez quelques gouttes du mélange en lotion
Pour 100 ml d'huile de support neutre

HE Eucalyptus	10 gouttes
HE Lavande	10 gouttes

Décalage horaire

Versez quelques gouttes du mélange dans un bain
Pour 100 ml d'huile de support neutre

HE Pamplemousse	5 gouttes
HE Lavande	5 gouttes
HE Romarin	5 gouttes

Ecchymoses

En application locale
Pour 100 ml d'eau distillée d'hamamélis

HE Lavande	10 gouttes

Fièvre

En bain, douche ou massage
Pour 100 ml d'huile de support neutre

HE Géranium	10 gouttes
HE Gingembre	10 gouttes

Insomnie

En bain, douche ou massage
Pour 100 ml d'huile de support neutre

HE Camomille	10 gouttes
HE Lavande	10 gouttes

Insolation

Versez quelques gouttes du mélange dans une serviette imbibée d'eau fraîche
Pour 100 ml d'huile de support neutre

HE Citron	5 gouttes
HE Eucalyptus	5 gouttes
HE Lavande	5 gouttes

Mal des transports

En bain, douche ou massage
Pour 100 ml d'huile de support neutre

HE Géranium	10 gouttes
HE Gingembre	10 gouttes

Piqûres de méduse

Aspergez les piqûres de vinaigre et d'huile essentielle de lavande

Rage de dents

Massez les gencives avec quelques gouttes d'huile essentielle de Camomille

Répulsif d'insectes

Friction du corps
Pour 100 ml d'huile de support neutre

HE Lavande	10 gouttes
HE Menthe poivrée	10 gouttes

Rhume des foins

Quelques gouttes de la composition en inhalation

HE Camomille	10 gouttes
HE Eucalyptus	10 gouttes

Saignement

En application locale

Pour 100 ml d'eau distillée d'hamamélis

HE Citron	10 gouttes
HE Géranium	10 gouttes

Vomissement

En inhalation ou solution buvable

HE Gingembre	1 goutte
HE Menthe poivrée	1 goutte

AIDE MÉMOIRE POUR L'UTILISATION DES HUILES ESSENTIELLES

Pour le bain

5 à 10 gouttes d'HE mélangées à une cuillère à soupe d'huile de support (amande douce ou autre).

En lotion

4 à 6 gouttes d'HE mélangées à une cuillère à soupe d'huile de support.

En massage

4 à 6 gouttes d'HE mélangées à une cuillère à soupe d'huile de support.

En inhalation

Respirez à même le flacon ou versez 4 à 6 gouttes dans l'inhalateur.

En douche

4 gouttes d'HE ou de la composition sur un gant humide et frotter énergiquement.

En application locale

4 à 6 gouttes d'HE ou de la composition sur un gant, une compresse ou un mouchoir humide, chaud ou froid selon les cas.

En solution buvable

1 goutte d'HE ou du mélange dans un verre d'eau chaude, bien remuer avant absorption.

HUILES ESSENTIELLES ET CUISINE

Les huiles essentielles peuvent également servir à donner des saveurs nouvelles à vos plats préférés. Leurs arômes se marient très bien avec certains mets en plus d'être bénéfiques pour la santé.

On utilise volontiers pour les plats froids, purées de fruits et desserts le citron, la mandarine, l'orange, la menthe, la cannelle à raison d'une goutte pour un plat de 4 personnes.

Pour les plats chauds et salés se seront des huiles de basilic, estragon, muscade, coriandre, genièvre, origan, cumin, carvi à raison de 4 gouttes par plat de 4 personnes au moment de la cuisson.

On peut également profiter des huiles essentielles en boissons, en grogs ou cocktails aromatiques ou encore mélangées avec des jus de fruits ou de légumes.

Pour préparer une boisson aromatique choisissez une ou deux huiles essentielles maximum comme l'orange, la cannelle, le citron, la marjolaine, le pin, le romarin etc.. à raison de 4 à 6 gouttes mélangées avec un peu de miel. Ajoutez de l'eau chaude, non bouillante à la préparation ou diluez-la dans un jus de votre choix, à servir chaud ou glacé. Dégustez, c'est un moyen agréable d'absorber les huiles essentielles.

BIBLIOGRAPHIE

« La bible de l'aromathérapie » Nerys Purchon – Editions Marabout

« L'aromathérapie » Nelly Grosjean – Editions Albin Michel

« Le bien-être par les huiles essentielles » Clare Maxwell-Hudson – Editions Hachette

« Aromatherapy for mind and body » David et Carol Schiller – Editions Sterling

BONNES ADRESSES POUR L'ACHAT DES HUILES ESSENTIELLES

Espace Nature

BP 918 90020 Belfort –Tél : 03 84 22 51 64

www.espace-nature.com

Laboratoire de Monceaux

www.labodemonceaux.ca

Laboratoire Hévéa

Tél : 04 93 64 29 83

www.labo-hevea.com

Laboratoire Jacques Paltz

www.jacquespaltz.fr

Natur Shop

www.naturshop.fr

Plantes et parfums de Provence

26170 Mollans-sur-Ouvèze – Tél : 04 75 28 74 40

www.ppp-provence.com

Romessence

www.romessence.com

Herbes & Traditions

« l'intelligence de la nature »

3 bis rue L.Bouquet BP 8

62840 Fleurbaix - France

03 21 54 56 56

03 21 54 51 05

hertrad@club-internet.fr

Vie Arôme

13690 Graveson

Phytolis

18, av Weber CH 1207 Genève

Dietaroma

69240 Bourg-de-Thizi

INDEX

S

T

U

V

Y

Z

Achevé d'imprimer sur rotative
par l'Imprimerie Darantiere
à Dijon-Quetigny en
mars 2002

N° d'impression : 22-0087
Dépôt légal : 1er trimestre 2002

Imprimé en France